| | | | |
|---|---|---|---|
| 157 | Irrgärten | 183 | Schmonzes und Schmonzetten |
| 160 | Ratte am Sonntag | 186 | Mops |
| 163 | Warten | 189 | Löcher im Pelz |
| 166 | Die Kämpfe gehen weiter | 192 | Das glaubt mir kein Schwein |
| 169 | Volksmund | 195 | Deutschsein heute |
| 177 | Reinfelder Karpfen | 209 | Tau und Tag |
| 180 | Klavier und Hirschköpfe | | |

# Mücken und Mongolen

An einem heißen Sommervormittag neunzehnvierundsiebzig flog mir eine Fruchtfliege ins Auge und starb im Tränenwasser. Ich rieb sie auf den Fingerknöchel und starrte einäugig auf die schwarze Leiche: Sie war größer als ein Punkt und kleiner als ein Stecknadelkopf.

Ich kam zu spät zur Schule und musste zur Strafe vorlesen. Das Auge tränte, die Buchstaben bekamen lange Hälse, das obere Halbrund des scharfen ß rutschte in den unteren großen Bauch; der Kopf des Buchstaben g fiel ihm auf den Schaufelfuß und ich sah ein Tonzeichen. Das m ging auf Stelzen, das z kippte hintüber, das l verzog sich zum hohen Mast. Ich wurde von der Frau Lehrerin gerügt, weil ich mich verlas, der Klassenrüpel lachte höhnisch, Clara in der ersten Reihe zog ungehalten am Reißverschluss ihrer Federmappe.

Ich war trotzdem berauscht, denn ich hatte das richtige Alphabet entdeckt. Die Buchstaben glichen ausgestopften Spatzen, die auf einer straff gespannten Schnur saßen. Sie täuschten die Starre nur vor – man musste sich die Augen rot blinzeln, und schon flogen sie auf oder landeten auf der niedrigen Schnur. Noch am selben Tag streute ich mir Pfeffer ins Auge und klappte ein Buch auf. Die Tränen tropften auf die Seiten, es brannte entsetzlich. Ich stürmte ins Freie, suchte und fand einen Fliegenschwarm, stellte mich hinein, ruckte mit dem Kopf hin und zurück – es klappte. Es klappte in den nächsten Tagen, am besten spätmittags, wenn Fliegen reife Beeren am Strauch und Fallobst auf der Wiese umschwärmten.

Es war der Sommer meines Kinderglücks, das herrliche Jahr, da Mückenbeine und -flügel in meinem Augenwasser schwammen. Der Klassenrüpel Bernhard nannte mich den Fliegenfresser, er irrte sich, ich war keine lauernde Eidechse. Clara, die Klassenbeste, roch nach Lavendel; sie mied meine Nähe, weil sich in den Maschen meines burgunderroten Grobstrickpullunders die Mücken verfingen.

Meine Mutter brachte mich zum Augenarzt, er verschrieb mir Tropfen gegen die Überreizung. Er fragte sie nach Insekten in der Wohnung. Meine Mutter, eine sehr reinliche Frau, hätte ihm vor Zorn fast die Nasenspitze abgebissen. Zu Hause berief sie den Familienrat ein. Die Großmutter rührte erst die Zuckerwürfel in den Tee und sagte: „Der Bub ist nicht schwachsinnig, er liebt das Gesumm der Insekten". Mein Vater legte die Hand auf den Tisch, spreizte die Finger und knetete die Falten zwischen den Knöcheln. Er sagte: „Mein Sohn hat keinen Schaden. Es sieht aber nicht gut aus, wenn er im Schatten eines Baumes an gärenden Äpfeln schnüffelt."

Meine Mutter rief mich herein, ich wurde getadelt, weil ich heimlich gelauscht hatte. Ich sollte den Grund für mein fliegenverliebtes Verhalten erklären; ich sprach von der Raserei der deutschen Buchstaben, die nur ein lesendes Kind mit einem Insektenbein in der Tränenflüssigkeit bewirken könnte. Meinem Vater schoss sofort das Blut ins Gesicht, er glaubte, dass ich nicht am Fallobst roch, und aber Pilze fraß. Ich musste versprechen, nicht mehr in Insektenschwärme zu laufen.

Die Frau Lehrerin setzte mich in die erste Reihe neben Clara, ich durfte nicht mehr Löcher in die Luft starren. Clara stellte klar: Der Rücken ihrer Federmappe auf der Schulbank markierte die Grenzlinie, jeder blieb auf seiner Seite, ich hatte die linken Ellenbogen an die Flanke zu drücken. Jede zufällige oder bewusste Berührung war unziemlich.

Ich lernte deutsche Grammatik, die Beugung des Zeitworts in der zweiten Person Mehrzahl in der Leideform der vollendeten Zukunft ermüdete mich. Ich sagte: „Ihr wäret geliebt werden." Clara sagte: „Ihr werdet geliebt worden sein." Und sie sagte die Möglichkeitsform, Passiv, Futur I: „Damit ihr geliebt worden sein würdet." Ich konjugierte Verben und vergaß die Mücken.

Einmal in der Woche rief meine Mutter meine Tanten im fernen Land an. Jede Tante ließ mich am Telefon einen kurzen deutschen Satz sagen, stieß einen Freudenschrei aus und empfahl mir, Sprosse für Sprosse die Leiter hochzuklettern. Welche Leiter? „Sie meinen die Hochkultur", sagte Mutter. Und was tat ich, wenn ich auf der obersten Sprosse stand? Großmutter sagte: „Dann springst du auf das Dach und kehrst den Kamin." Ich verstand: Man musste den Mund schmieren und salben, denn die Rede verriet das Herz. Das bloße Angaffen von Buchstaben durch den Schmierfilm auf den Augen brachte mich nicht weiter.

Die Eltern meldeten mich bei der Bücherei an. Eine strenge schöne Frau mit Perlmuttspangen im Haar erklärte mir die Regeln: Stille, Benehmen, sauberer Arbeitsplatz. Speichelsprotzendes Schnäuzen war untersagt, bei Verdacht auf Schnupfen blieb man zu Hause. Ich nannte sie insgeheim: Frau Finger auf den Lippen, oder kurz: Frau Finlipp. Sie gebot uns Buben und Mädchen Schweigen im Lesesaal. Ein Mädchen aus der Oberstufe trug Schuhe mit Kantholzabsätzen, jeder Schritt war ein Hufschlag. Frau Finlipp verwies es des Saales, wir Buben bekamen schlagartig schlechte Laune, und aber wagten kein Widerwort.

Ich zog ein dickes Wörterbuch aus dem Regal, setzte mich an den Tisch am Fenster und begann zu lesen. Nach einer Woche hatte ich mich bis zum Buchstaben E vorgearbeitet. Frau Finlipps Schatten fiel auf die Seiten, sie bedeutete mir, ihr in den Vorraum zu folgen. Sie lobte meinen mönchischen Fleiß. Sie sagte, dass es beim Lesen nicht darum gehe, die Bedeutung der Worte zu erfassen; der Leser müsste einer Geschichte folgen, oder am besten eine kleine Zeichnung aus klangvollen Wörtern betrachten. Ich begriff nichts und nickte ernst.

Sie gab mir einen dünnen Gedichtband und bat mich, das Buch von der ersten bis zur letzten Seite zu lesen. Ich las erst das letzte Gedicht auf der letzten Seite – nichts geschah. Weder wucherten die Worte, noch verschmolzen sie zu Giftschlangen und bissen die Satzzeichen tot. „Geduld," flüsterte Frau Finlipp. Ich las alle Gedichte, bekam großen Hunger, aß draußen das Pausenbrot, ging wieder hinein, nahm mir den zweiten Gedichtband vor.

Vormittags saß ich im Klassenzimmer, frühnachmittags machte ich übellaunig meine Hausaufgaben, dann durfte ich mich mit den anderen Jungs auf dem Spielplatz an der Krüppeleiche prügeln. Meine Mutter betupfte die Hautrisse mit jodgetränktem Wattebausch und schickte mich anschließend zur Bücherei. Ich las nur noch Gedichte, ich wurde melancholisch. Bernhard sagte: „Wenn's so weitergeht, beißt dich noch ein dummes Schaf." Clara versteifte sich nicht mehr neben mir, sie konnte keine toten Fruchtfliegen an meinen Wimpern entdecken. Sie sagte: „Von kleinem Grase wächst ein großes Tier." Sie hielt mich also für ein Rind, ich biss mir auf die Zunge, um sie nicht eine Kuh zu schimpfen.

Ich bekam, wie fast alle Arbeiterkinder, keine Empfehlung für das Gymnasium. Neue Kameraden, neue Lehrerin, große Schultafel mit Kartenhalter und Kreideablage. Die Frau Lehrerin war sehr hübsch, sie hatte aber kinderfaustgroße Ohren, deshalb wurde sie Frau Jumbo genannt. Sie legte den im Unterricht dämmernden Kindern die Spitze des Zeigestocks auf den Scheitel. Ich dämmerte oft – meine Träume waren schlaffe Hanfsäcke, die ich mit Murmeln und Gedichtversen füllte. Frau Jumbo tippte mich an, verbot mir den Wachschlaf.

Dann erschien eines Tages ein lebender Dichter im Klassenraum. Die Jungs feixten und ahmten Schnarchgeräusche nach. Die Mädchen staunten über seinen Bart, der das Gesicht zur Hälfte verdeckte. Er begann zu lesen und ich dachte: Der Mann ist gesegnet. Ich füllte die Hanfsäcke mit seinen Worten. Er las eine Dreiviertelstunde und stellte sich anschließend den Fragen. Den Mädchen erklärte er seinen Alltag, und den Unterschied zwischen Eingebung und Einfall. Die Jungs wollten wissen, ob er vom Schreiben leben konnte. „Mehr schlecht als recht," sagte er, „aber darum mache ich mir keine großen Sorgen. Ich muss nur manchmal darauf achten, nicht hinüber zu gleiten und verrückt zu werden."

Wir verstummten. Wir kannten es alle. Das dünne Häutchen, das sich verzog, weil eine Kraft daran zerrte und zupfte. Die Augenblicke der mongolischen Starre. Der Moment der Lähmung ob der Angst, der Herzhitze, des Unglücks. Der Auftritt des Dichters war ein großes Ereignis.

Ihm folgte eine Künstlerin, Frau Jumbo hatte sie als ‚recht aparte Person' angekündigt. Tatsächlich stand an der Tafel eine Fahlhäutige in weißer Bluse und knöchellangem Rock. Sie zeigte ihre Bilder vor: Flatternde Banner an zernagten Masten, Landschaft aus roten Kieseln und wogenden Zypressen, der Himmelsstrich verschwamm. Ich dachte: Die Frau ist gesegnet. Je länger ich schaute, desto mehr fügte sich zusammen – wie konnte ihr das gelingen? In ihrer Welt wollte ich mich aufhalten. Sie malte mit Acryl auf Hartfaserplatte, weil es schnell trocknete. Sie sprach von der Betäubung und der Verzehnfachung der Seele – unverständliche Schlüsselworte ihres Künstlerlebens.

Auch ich erfand Geheimworte, die Außenstehende nicht verstanden. Im Lesesaal der Bücherei hatte ich in einem Bildband über exotische Völker geblättert; auf einer Schwarzweißfotografie sah man einen Mongolen in der Steppe, Pferd und Reiter wirkten wie in Stein gehauen. Die Malerin stellte Fragen, und ich erzählte von der mongolischen Starre, der Abwesenheit, die manchmal minutenlang dauern konnte. Frau Jumbo lud einen Schauspieler, eine junge Regisseurin und einen Bildhauer ein. Sie sprachen von Hunger und Geldsorgen, von schlaflosen Nächten, in denen sie den Tag verwünschten, da sie sich für die Kultur entschieden hatten. War das eine pädagogische Maßnahme? Wollte die Frau Lehrerin uns ermuntern, einen richtigen Beruf zu ergreifen? Fast alle eingeladenen Künstler waren Schulabbrecher.

Ich verstand: Frau Jumbo schwor uns auf die Hochkultur ein. Und aber auch auf das Hochgefühl, den Überschwang, die Irritation, die Vergiftung durch Wortklang und die Schau eigenartiger Gebilde. Ich dachte: ‚Rausch und Vernunft, verschmolzen zum Mischmetall, es wird mich schützen.' Ich war ein einfacher Schüler, der sich vor Unbehagen kratzte – was stimmte nicht?

Es gab in meiner Klasse die Streber und die Nieten, und das mittlere Segment aus Jungen und Mädchen, deren Leistungen mit befriedigend benotet wurden. Ich saß neben Norbert in der vorletzten Reihe an der Wand, er stach sich mit dem Zirkeldorn Muster in die Haut, und ich schaute ihm dabei zu. Wir wollten ein Gedicht nicht so lange interpretieren, bis es einem zerstückelten Kadaver aus Versen glich. Wir wollten nichts von den Techniken wissen, mit deren Hilfe man einen blassblauen Himmel auf feinem Büttenpapier malte. Wir glaubten nicht daran, dass man zu einer Persönlichkeit reifte, weil man zu jedem Thema seine Meinung kundtat. Die Relativierung war die Pest. Immerzu ging es um den Kniff, den Trick, den Handgriff, den schnellen Zugang.

Wir wurden in der Schule zu Schlaumeiern erzogen. Der Leitsatz des Schlaumeiers lautet: Ich muss nicht viel wissen; ich muss nur wissen, wo ich nachschlagen kann. Die Trickser und Scheinklugen verließen sich auf die Sekundärliteratur, auf die Gebrauchsanleitung, die jedem Gerät beilag. Sie feierten große Triumphe. Sie verhämten ungestraft das Alte und das Althergebrachte. Die Lieblingsvokabeln der Trickser: Formel, Funktion und Format. Fun, Flash und Fitness. Norbert und ich galten als unfitte Freaks. Ich floh zu Frau Finlipp. Ihr Versuch, mir hochkomplexe Prosa zu vermitteln, war gescheitert: Die Sprachexperimente von Stubenschreibern beeindruckten mich nicht. Ich las die Präpariersaal-Gedichte von Gottfried Benn, die Herbstgedichte von Trakl und Stefan George, die herrlichen Elegien von Ingeborg Bachmann. Diese Worte waren hochinfektiös, sie verkeimten mich.

Im Lesesaal saß auch Maike, eine Mitschülerin, die Tochter einer alleinerziehenden Mutter. Sie wurde deshalb von den Schlaumeiern gemieden. Zu ihrer aller Verdruss trug bei, dass sie in fast allen Fächern glänzte. Wir tuschelten miteinander, Frau Finlipp legte den Finger auf die Lippen, und also gingen wir hinaus. Maike legte die Spielregeln fest: Sie war unbemannt glücklich, sie suchte keinen Freund; ich sollte nicht auf einen Sinneswandel setzen; und ich sollte auch nicht hoffen, dass sie sich in mich verliebte, das würde nicht geschehen.

„Gut," sagte ich, „was willst du von mir?" Im Auftrag ihrer Mutter lud sie mich nach Hause ein, und wenig später saß ich am Küchentisch der Künstlerin gegenüber, die rote Landschaften malte. Sie zeigte mir ein Bild: Eine Mongolin, in die Ferne spähend, schreckensstarr. Das schwarze Haar in der Mitte gescheitelt, von den Haarspitzen tropfte dunkles Wasser. Bildgewordene Worte.

In den folgenden Monaten, immer am ersten und letzten Werktag, durfte ich bei Maikes Mutter zeichnen. Natürlich himmelte ich sie an. Sie konnte Linie und Schwung, Traumbild und Hyperrealismus. Was konnte sie nicht? Die Nasenflügel gerieten ihr auf dem Papier zu Nüstern. Sie sagte: „Ein Flegel kratzt Striche und ärgert sich, dass ihm die Zeichnung nicht auf Anhieb gelingt. Schau erst genau hin und greife dann zum Stift." Also betrachtete ich Mücken im Flug und an Fliegengittern. Mein Vater schlug vor, ich könnte doch zur Abwechslung Bienen und Ameisen anstarren. Ich malte Bienenschwärme und Ameisenhaufen.

Ich schaffte den Sprung von der Realschule zum Gymnasium, in der Klasse saßen propere Bürgerkinder. Die Jungs trugen Jeans mit Knielöchern, kifften sich blöde, schluckten Luft und rülpsten laut. Die Mädchen sprachen grundsätzlich mit lauter hoher Stimme und nestelten dabei an der Zuchtperlenkette am Hals. Ich vertrat als einziger die Arbeiterklasse. Man erwartete von mir wilde Gebärden und einen genitalbetonten Jargon. Selbstverständlich waren sie alle ausnahmslos linksintellektuell – sie glaubten, dass man das Arbeiterkind in seiner Wildheit belassen müsse; es solle aber bitteschön aus eigener Kraft herauskommen aus originären Verhältnissen, die ihm einen falschen Stolz eingaben.

Über Nacht reifte ich zu einem Rechten. Ich mochte es, wenn sie mich dem Gesindel zuschlugen. Ein Stubenstalinist unterstellte mir eine ungetrübt faschistische Gesinnung, er erschlug mich mit Argumenten und Beweisen. Vor den anderen Bürgerkindern drohte ich ihm Prügel an, im Stillen bejammerte ich den Verlust meiner Unschuld. Meine Ansichten waren ideologischer Mauldreck. Mir fielen die Worte meiner Großmutter selig ein: Wenn die Laus in den Grind kommt, so hebt sie den Hintern in die Höhe und wird stolz.

In mir verfestigte sich die Idiotie eines jungen Mannskerls. Ich glich dem Kind, das Kriegerhymnen schmetterte. Also schwitzte ich innerhalb weniger Tage das Gift aus und hielt den Mund. Der Stalinist argwöhnte, ich könnte eine besonders perfide Taktik der Infiltration ersonnen haben. Rasse, Klasse, Parteilichkeit – alles Geschwätz. Worauf kam es an? Bildung war Basiskost, Bücherlesen unerlässlich, Benimm und Höflichkeit waren besser als Zucht und Ordnung. Was aber peitschte die Seele? Der Bruch mit der Etikette, mit der Form, mit der gängigen Methode. Es reichte mir nicht, nachts vor dem Einschlafen im Wach- und Wunschtraum in die Rolle des Entfesselten zu schlüpfen.

Was hatte die Künstlerin gesagt? Manifeste sind Traumgebilde! Ich verstand ihre seltsamen Worte zunächst als Aufruf zu Fleiß und Emsigkeit. Falsch. Ich übersetzte den Aufruf in meine Sprache: Halt' die Schnauze, vergeude dich nicht in Scharmützeln, erlerne das Handwerk! Bei Wortverknappung entsteht ein Gedicht; wenn Worte versiegen, malt sich ein Bild von selbst.

Ich traf mich mit Maike im Lokal ihrer Wahl. Sie überragte mich mittlerweile um Haupteslänge, ich sah aus wie ein Sitzzwerg. Es hatte sich bis zu ihr herumgesprochen, dass ich nach rechts außen abgedriftet sei. Ich klärte sie über meine Wandlung auf. Sie warf mir sofort Gesinnungslumperei vor: Wer dem Druck der Horde nachgebe, entarte zum Hordenwilden; meine Gefallsucht sei in Wahrheit ein Verknechtungswille. Schon wieder Charakterkunde, dachte ich und verließ sofort die Bar.

Furor, Härte, Ungeduld. Sie passte mich am nächsten Tag auf dem Heimweg ab, sie verlangte eine Entschuldigung von mir. Natürlich hielt ich sie für eine übergeschnappte hochnervöse Person, die Aussicht auf ein problemkonzentriertes Gespräch verdross mich. Trotzdem saß ich wenig später am Küchentisch in der Wohnung ihrer Mutter, die Künstlerin hing gerade in einer Galerie ihre Bilder auf.

Maike legte los. Die Männer – sie seien Ideenriesen. Sie ertrugen es nicht, dass das Leben stärker sei als jedes Fremdwort. Deshalb griffen sie zu den Techniken der Verbrämung und Verklärung. Der gemeinhinnige Mann erkläre die Welt, wie er sie vorfinde, für untauglich, und also verforme er sie nach der eigenen Anschauung. Ich hätte mich bis vor kurzem als rechter Prolet ausgegeben, um nun den netten Humanisten zu spielen. Nur Memmen machten falsche Angaben zur Person. Ich lebte in einer bürgerlichen Gesellschaft, wollte ich ob meiner Klassenzugehörigkeit ewig flennen? Nein. Glaubte ich, dass man in der Kunst nur durch Beißen einen Brocken für sich selbst abtrennen könne? Nein. „Dann reiß dich zusammen," rief sie, drückte mir einen Kuss auf die Lippen und schob mich vor die Tür. Mein Mund glühte, meine Wangen glühten, mein Kopf glühte. Ich stellte das Jammern ein.

Hintersinn, Hintergrund, Hinterland: Wortwerkzeuge des Mannes, der glaubte, den Wesenskern aus Stein und Schutt heraus hacken zu können. Ich stellte das Hacken ein.

In der Biologiestunde besprach ich mich im Flüsterton mit Norbert. Er sagte leise, am liebsten würde er mir den Zirkeldorn in die Stirn rammen, damit ich mit dem Gefasel aufhörte. Ich redete wirr daher: Ich war begeistert, ich wusste nur nicht, was genau ich verstanden hatte. Man nannte mich einen durchs Dickicht tänzelnden Schrat. Die Codes der Achtziger – sie waren mir verhasst. Heroin chic und Kokain-Kunst, Maschinen-Techno und Siegesgesänge. Man trotzte dem tödlichen Virus und starb. Man wünschte den Spießern baldiges Verrecken, zerstach ein letztes Mal die Ader und starb.

Die Hippen und Coolen in meiner Klasse fuhren regelmäßig nach Berlin. Sie sagten: Was für eine Frontstadt! Überall Geilheit, überall Zerfall. Was tat ich? Ich blieb in meinem Viertel und paukte für das Abitur. Meine gelegentlichen Besuche in Kunsthallen und Galerien stellte ich ein. Ich hatte gesehen: Schrottteile, ready mades, dämliche Amateurvideos, Kasperkram aus Amerika. Text und Theorie verdrängten die Malerei. Ich kaufte keine Bücher der deutschen Gegenwartsprosa. Ich hatte gelesen: Erlebnisberichte erlebnisarmer Mittzwanziger.

Ich paukte Englisch und Biologie, Deutsch und Philosophie. Und las Gedichte. Die begabten Bürgerkinder, sie klangen stets souverän, und sie traten auf, als hätten sie zwanzig Arme und zwanzig Herzen. Sollte ich sie nachahmen, sollte ich mich ihnen anverwandeln? Oft warf man mir ein unangemessenes Verhalten vor. Lag es daran, dass ich dramatisch wurde, statt die Passworte der Nüchternen und Verschanzten aufzusagen? Kühle statt Kühnheit. Schnörkel statt Ornament. Zwielicht statt Tageshelle. Blässe statt Kampfkraft. Vertage die Selbstzündung, verlege sie auf kommende Tage, beherrsche dich. Das tat ich mit einigem Erfolg, die Hauptschüler im Viertel schimpften mich ein schlau gewordenes Türkenkind. Ich aber war aus freien Stücken deutsch geworden.

Das letzte Jahr in der Schule: Sturmesbrausen in der Hölle. Durchhalten, das Desaster abwenden. Die ersten Gymnasiasten schmissen die Brocken hin. Norbert glaubte, er habe seine Jugend in der Lernanstalt verjubelt. Alles Zureden half nichts, er wollte nicht mehr. Bei einer Mitschülerin entdeckte ich kleine Schnittwunden an den Unterarmen. Ein Klassenkamerad kratzte sich die Schläfen kahl. Ein Mädchen litt an kreisrundem Haarausfall. Ausfälle, Weinkrämpfe, Zusammenbrüche.

Ich aß wenig, schlief schlecht, strich Salbe auf das pickelvernarbte Gesicht. Die Erlösung war nah, ich durfte nicht schlapp machen. Härte zeigen, sagten die Jungs. Die Mädchen trugen Goldgeschmeide, nagten im Eifer die Unterlippe wund. Die Körper schälten sich und splitterten, alles zerbarst, jeder war erschüttert, und fast alle bestanden am Ende.

Es folgten Tage und Wochen abklingender Inbrunst. Was tun? In Kiel bekam ich einen Studienplatz in Medizin, ich paukte weiter, bis ich es nicht mehr aushielt. Viel zu lange hatte ich darauf vertraut, dass mein wahres Leben schon noch anfinge, wenn nicht morgen, so doch übermorgen. Dann fiele der Himmel ein und kein Zaunstecken bliebe ganz – der Wunschtraum eines Knilchs.

Ich entsann mich der Worte der Frauen, die mich erzogen oder angeleitet hatten. Ich träumte von Mongolen, die Mücken umschwärmten. Ich schrieb mein erstes Buch. Und endlich: Es begann.

# Männlichkeit

Ich war sechs, mein Vater zeigte auf einen Soldaten und sagte: Das ist ein Mann. Der Hüne mit geschultertem Gewehr stand vor dem Wachhäuschen. Die Knöpfe seiner Paradeuniform glänzten, an seinem Helm brach sich das Licht. Er war unerschütterlich, kein Wind konnte ihn umwehen.

Noch in derselben Nacht träumte ich von mir als ein General, der zwergwüchsige Männer in die Schlacht führte. Wir trieben die Feinde hinter die Schützengräben, doch da erschien der Paradekrieger und wir zerfielen zu Staub. Ich erkannte: Der Soldat, mit magischer Kraft gesegnet, war eine Quelle der Nachahmung. Ich eiferte ihm nach im Traum, und als verträumtes Kind in den Stunden, da ich nicht schlief. Wer konnte mir schon etwas anhaben, wenn ich durch die Straßen der Münchner Arbeitersiedlung schritt? Mein bester Freund Bernhard sagte: „Du gehst wie ein frisch geköpfter Hahn." Unsere Feinde lauerten hinter dem kleinen Hügel bei den Arbeiterbaracken, wir gerieten in einen Hinterhalt.

Später brachte mich meine Mutter zum beliebtesten Arzt des Viertels, er schnitt mir eine kreisrunde Stelle am Kopf kahl und nähte die Platzwunde mit zwölf Stichen. Ich beschaute mich im Spiegel: Die Wunde sah männlich aus.

Ich schloss mich im Bad ein, griff zur Schere, die mein Vater zum Stutzen des Oberlippenbarts benutzte, und schnitt alle meine Engelsputtenlocken ab. Meine Mutter und meine Schwester schrien vor Entsetzen. Mein Vater kniff sich in den Brillenabdruck am Nasenrücken, er verlangte eine Erklärung. Ich sagte: „Ich bin der kleine Bruder des Soldaten, mir fehlt nur noch ein Helm." Zur Strafe musste ich hundertmal den Satz aufschreiben: Zum Haareschneiden geht man zum Friseur.

Bei meinem Anblick stockte den Mädchen in der Klasse der Atem. Ich war mir sicher, ich hatte sie beeindruckt. Katja bekam einen Schluckauf. Petra drückte die Handkante als Sichtschutz an die Schläfe. Ich bekam einen Verweis, weil ich trotz Ermahnung auf dem kahlen Kopf trommelte. Die Jungs baten mich im Scherz um ein Autogramm, ich sei eine Berühmtheit, sie würden nie wieder einem skalpierten Moslem begegnen.

Ein knappes halbes Jahr später wurde der Tag meiner Beschneidung festgesetzt. Die türkischen Mütter strichen mir über das nachgewachsene Haar, sie kicherten, und verfielen dann aber in Schweigen. In der Gegenwart dieser Frauen fühlte ich mich wohl. Sie starrten auf den Kochtopf, in dem ein versiegelter Wachsnapf im Wasser schwamm. Sobald das Wasser kochte, schlürften sie die Mokkatässchen leer und begaben sich ins Wohnzimmer. Ich blieb in der Küche und lauschte ihren Schmerzensschreien. Dann kamen sie zurück, ich starrte auf ihre geröteten Waden und verstand nichts. Eine Dame tätschelte meine Wange – ein letztes Mal – wie sie sagte, denn nach meiner Verwandlung würde es die Schicklichkeit verbieten, dass sie mich noch berührte. Meine

Großmutter merkte mir meine Trauer an, sie erklärte: Nein, mir würden danach keine Warzen wachsen und auch keine Widderhörner aus der Stirn sprießen. Danach wäre ich zwar immer noch ein Kind, aber für die Frauen gälte ich als kleiner Mann, und sie streichelten nur ihre eigenen Männer.

Nach dem Aufstehen wurde ich gebadet und in ein Prinzenkostüm gesteckt. Ich lief an der Hand meiner Mutter wie ein bunt bemaltes Kalb durch die Gassen unseres Viertels. Die türkischen, kurdischen und arabischen Damen lächelten mir zu, ich wurde noch nie in so kurzer Zeit von so vielen Frauen angelächelt.

Meine besten Freunde erzählten mir Geschichten von Jungen, die man versehentlich verfraute. Was hieß das? Sie zeigten auf meinen Schritt, spreizten Mittel- und Zeigefinger und riefen: Klipp klapp. Der Beschneider scheuchte sie fort, ich nahm Platz auf dem Stuhl, meine Onkel stellten sich zu meinen beiden Seiten auf und hielten mich fest. Ein kurzer stechender Schmerz, und es war vorbei. Die Frauen der Festgesellschaft trugen mich auf den Schultern, ich war dank ihrer Hilfe größer als alle versammelten Männer.

Die nächsten Tage trug ich ein Leibgewand, das ich beim Gehen in der Körpermitte zupfte. Die Wunde verheilte schnell, ich konnte wieder auf dem Rücken liegen. Nach der Sportstunde seifte ich mich unter der Dusche ein, und als ich die Augen öffnete, sah ich alle Klassenkameraden meine bestimmte Stelle anstarren. Sie streuten Gerüchte über den Muselmanen ohne Vorhaut, der mindermännlich geworden sei: Ich sollte zugeben, dass mich die Kastration schmerzte. Die Mädchen holten Rat bei ihren katholischen Müttern, sie sahen in mir das Opfer einer barbarischen Züchtigung. Ich wurde in ihren Augen zu einem interessanten Jungen, denn ich hatte eine harte Mutprobe bestanden. Sie staunten mich an, sehr zum Verdruss des Klassenbesten und des Klassenwilden.

Es begann die Zeit, da ich jeden Tag nach Schulschluss gegen einen Herausforderer antreten musste. Ich schlug und wurde geschlagen, ich trat und wurde niedergetreten. Die Mädchen wandten sich wieder von mir ab, es geschah kein Wunder, es flog keine Taube als verkleideter Heiliger Geist auf meine Schulter, ich schrumpfte wieder zum bloßen beschnittenen Arbeiterkind.

Wir Jungs schossen in die Höhe, die Mädchen wurden hübscher und hübscher. Weichheit war uns verboten, Lauheit war uns verhasst. Wir schoren uns die Köpfe kahl, wir trugen nur noch Armeestiefel und körperbetonte weiße Hemden und enge Hosen. Keine Bundfalte am Hosensaum, keine bonbonfarbenen Pullover, keine Föhnwelle, die das Auge bedeckte. Keine verdammte Gitarre, kein Kerzenlicht, keine französischen Chansons, keine amerikanischen Protestsongs. Kein Marihuana, kein Reggae, keine Anstecker und Aufkleber, keine pinken oder neongelben Stoffarmbänder, kein Flöten und Säuseln, kein Latein und keine Fremdwörter.

Wir nannten die Bürgerkinder Schwuchteln, Schminkmäuse, Pazifistenbrut, rotes Gesocks. Sie lasen die Existenzialisten, wir übten für den Straßenkampf. Ihre Haare waren so lang, dass ein Papierflieger steckenblieb. Wir protzten mit unseren Narben, sie glänzten im Unterricht.

Eines Tages sagte Kumpel Bernhard: „Ist ja alles schön und gut, wieso kriegen sie die Mädchen ab?" Er hatte recht. Wir waren ein Trotteltrupp, die Schar der Bekloppten mit Glatze, die Lehrer- und Ärztesöhne hatten uns überlistet.

Ich las heimlich ein Buch von Camus. Ich wollte den Schminkmäusen auf die Schliche kommen. Ich ging heimlich in die Bibliothek und las die Gedichte deutscher Dichter. Ich war ein Schläger im Leseraum, ein Rüpel mit verschorften Handknöcheln. Kurze Zeit später schwor ich der Kanaillenmoral ab. Bier aus der Pulle saufen konnte jeder, den verbeulten Schädel polieren konnte jeder.

Meine Kusine schnitt sich eines Nachmittags die Augenbrauen ab, man hielt sie sofort für eine empfindliche junge Dame, die an einer Drüsenkrankheit litt. Es hatte sie aber nur die Lust überkommen, etwas Verrücktes zu tun. Sie bekam den Spitznamen Dramendame. Ich stellte fest: In meiner Sippe gab es eigentlich nur Sonderlinge. Der einzige Sozialdemokrat der Großfamilie war mein angeheirateter Onkel. Er nannte den Erfinder der Glühbirne einen Propheten der Erleuchtung. Oft saß ich bei ihm und er erzählte von den Tagen, da er sich in seinem Viertel prügelnd und hurend einen Namen erwarb. Das machte damals einen Kerl aus, rief er, die Männer heute haben keine Ehre im Leib.

In der Zeit, in der meiner Kusine die Augenbrauen nachwuchsen, grübelte ich darüber, was Ehre wohl bedeuten mochte. Entsprach man einem alten Sittengesetz, wenn man sich auf sie berief? War sie ein Glaubenssatz der Religion der Männer? Die Türkenjungs sprachen im Zorn Mutterschänderflüche, und hielten aber die Ehre der Mutter hoch. Ich wollte nicht mehr wie ein Soldat strammstehen oder in den Kugelhagel des Feindes laufen. Ehre klang nach der Luft, mit der man die Lungen füllte. Sie war das Schlüsselwort, das die Jungs belebte. Seltsamerweise floss dann fast immer Blut, einer ging zu Boden, einer erstarrte über dem Jungen zu seinen Füßen zum Tugenddenkmal.

Ich sah: Ein Mann mit Ehre schaute Frauen im kurzen Rock hinterher. Doch wehe seiner Schwester, der es einfiel, es diesen Frauen gleich zu tun. Hing die Ehre des Mannes von der Rocklänge der verwandten Frau ab? Ich wurde nicht selten Augenzeuge von Schlägereien auf türkischen Hochzeitsfesten. Ein flüchtiger Blick genügte, und schon wurden Ehrenhändel ausgetragen. Ich bekam auf meine Fragen spöttische Antworten: „Wir tun das, weil wir Männer sind. Schau dir die deutschen Schlappschwänze doch an. Sie gehen mit ihren Frauen in Saunaclubs, sie dulden es, dass fremde Männer lüsterne Blicke werfen auf das Fleisch, das nur ihnen gehört. Ein Kerl wacht über seine Familie. Wenn es dir bei uns nicht gefällt, dann geh' doch rüber zu den Ehrlosen!"

Ich befolgte ihren Rat, denn in ihrer Gegenwart bekam ich Nackensteife und Kopfschmerzen. Sie waren Heuchler, sie logen sich die Welt zurecht, und sie nannten ihre Lebenslüge Moral und Ehrengesetz.

Es hatte Folgen, dass ich ihre Gesellschaft mied. Ich lernte: Es geht nicht um Jagen und Sammeln, es geht um Verschwendung. Ich lauschte Kleinstadt-Nazis, die eine Lebensbeichte ablegten, sie glaubten, ich sei ein rassenreiner Deutscher. Ich lauschte alternden Dominas, die mir, einem wildfremden Mann, auf der Terrasse eines Duisburger Cafes erzählten, was für ein Schmerz sie selber bei einem Schlag auf den Rücken eines Kunden durchfuhr. Ich sprach mit Kindern ausländischer Eltern, die in fremdenskeptischen Parteien Karriere machen wollten. Ich streifte durch verbotene Zonen und aufgegebene Viertel, ich sah Brachland und Ruinen, ich traf auf Wilde, Aussteiger, Soziopathen, Vorstadtgauner und Freizeitgaukler. Junge und vergreiste Männer, illegale Erntehelfer, dem Bürgertum Abhandengekommene. Aber auch sie, die an den Rändern hausten, protzten mit ihrem Mannestum.

Was war die Männlichkeit? Nur eine Idee beim Anblick der Ausstülpung in der Leibesmitte. Die plumpesten Kerle waren geübt in der Kunst dieser Liebesbekundung. Und tatsächlich, ich konnte es nicht glauben, den meisten Frauen gefiel die Schmeichelei. Es gefiel ihnen auch, dass der Mann die Schwarzbrotscheibe nicht mit Butter bestrich, sondern nur mit einer Butterkäsescheibe belegte. Das war Beherrschung, das war Willensstärke.

Ich war von starken Frauen erzogen worden und stieß auf schwache plappernde Weibchen. Die Schmeichler dienten sich ihnen an und feierten leichte Triumphe. Ein Mann musste nur eine Lederjacke anziehen, und schon galt er als Rocker. Eine Bekannte sagte über einen Kerl mit Kinnkerbe: „Er hat mich bestrickt, ich bin machtlos dagegen, ich will ihn haben, ihn und keinen anderen." Sie kamen zusammen, der Rocker schwängerte sie, sie trennten sich kurz nach der Geburt des Kindes. Die Bekannte sagte: „ Ich habe mich entliebt, er ist ein Schwein." Ich verstand: Die Liebe stinkt wie Mist.

Ich lernte eine Frau kennen, die sich als Frontlesbe auswies. Sie schlug am Rande einer Demonstration einen Faschisten nieder, und als die Polizisten sich auf sie stürzen wollten, floh sie. Ich lief mit, weil ich neben ihr gestanden und geglotzt hatte. Wir entkamen über Berliner Hinterhöfe, sie lud mich in ihre Wohngemeinschaft ein. Sie konnte erst mit einem langen poltischen Disput die Lesben überzeugen, dass ich eintreten durfte. An den Küchenwänden hingen Poster mit nackten Frauen in freizügigen Posen. Alle Frauen saßen am Tisch, ich war auf der Hut, sie waren von robustem Wuchs, ein falsches Wort, und mein Kopf läge als Trophäe im Gewürzregal. Die Frontlesbe kam sofort zur Sache: „Wir sind lesbisch, das ja, aber wir schnallen uns auch mal einen Gummiphallus um. Nun wollen wir uns ein Sexspielzeug aus Fleisch und Blut anschaffen. Du bist der richtige Kandidat. Was meinst du?"

Ich sprang auf und rannte davon. Mein Berliner Kumpel Machmut nannte mich einen Knallkopf erster Güte, ich hätte sofort einwilligen sollen. Mein Hinweis, dass es sich bei den mannstollen Lesben um kugelrunde Weiber handelte, zählte für ihn nicht. Er sagte: „Wenn eine

Frau dich will, willst du es auch. Was lehnst du ein schönes Geschenk ab?" Soldaten, Priester, Burschenschaftler, sie wurden nicht beschenkt, Männerbünde schlossen Frauen aus, und man konnte den Männern die Verkrüppelung und die Geistesschwäche ansehen. Ich blieb bei meinem Beschluss und dachte aber lange über Machmuts Worte nach.

In den nächsten Jahren fanden meine Freunde und Bekannten die passenden Frauen. Sie zeugten Kinder, sie wurden lasch und schlaff, sie entdeckten den Ernst des Lebens. Ein Mann, sagten sie, muss eine Familie gründen. Bei der Hege und Pflege der Brut fielen ihnen die Haare aus, sie bekamen einen Bauch, und als wären sie Darsteller in einem amerikanischen Film, plagte sie ab Mitte vierzig die Mittlebenskrise. Also entdeckten sie den Extremsport, oder die vegane Küche, oder eine zwanzig Jahre jüngere Frau, derentwegen sie die grantige Gattin verließen.

Ich heiratete nicht, ich zeugte keine Kinder, ich lebte allein und glücklich in meiner Junggesellenwohnung. Die Männer, sie nannten mich eine Sackgasse der Evolution, ein missratenes Geschöpf, einen Berufsjugendlichen mit grauen Bartstoppeln. Ich warf ihnen vor, in der Routine zu vertrotteln. Warum war es erstrebenswert, sich mit einer Frau im Luxuskerker einzuschließen? Was glaubte man zu versäumen, wenn man es nicht tat? Wollte der Vater, der dem Sohn die Ehe als unabdingbar erklärte, das eigene jahrzehntelange Eheunglück verklären? Seltsam, dachte ich, jetzt heiraten sogar die Schwulen. Lange Zeit hatten sie uns Nichtschwule wegen unserer

Sehnsucht nach Harmlosigkeit bespöttelt. Ein Homo-Beau stellte mir seinen Mann vor, ich starrte die beiden Muttersöhnchen mit Ehering an, es waren zwei junge getarnte Spießer, die über Mode, Innendesign und Kuscheligkeit schwätzten. Jedes Mitglied eines Kleingartenvereins war aufregender als diese Jünglinge, die Gatte und Gattin spielten.

Und heute? Ich sehe Männer, die in gusseisernen Pfännchen japanische Pilze anbraten. Sie nennen sich Gourmets und Weinkenner, früher sprach man von gemäßigter Völlerei. Ich sehe Porschefahrer auf der Autobahn mit zweihundertachtzig Sachen kacheln. Sie gelten als besonders, weil sie keinen Familienwagen fahren. Ich sehe Rüpel und Raubauken am sogenannten Herrentag Bollerwagen hinter sich herziehen, sie nuckeln am warmen Bier, harnen an Bäumen und Zäunen, und wenn zufällig eine Frau vorbei geht, zeigen sie grölend ihre Bubennillen. Ich sehe versteinerte Männer, Ideengefäße, linke Autisten, sie leben in vermüllten Wohnungen und verkünden aber, dass Putin schon ein ganzer Kerl sei.

Was ist männlich? Muskelkraft, Sachverstand? Die richtige Handhabung des baumelnden Genitalapparats? Die Freiheit, mit Kumpeln im Wirtshaus laut von Weibern zu sprechen? Lockenpracht im Schritt und an den Achseln? Sobald ein Mann erklärt, was denn einen Mann auszeichnete, riecht es nach Altmännerschweiß.

Ein Mann schweige in der Gemeinde und überlasse die Deutung den Frauen. Männlichkeit ist eine Lüge.

# Rutluk

Ich sprang als Kind von hohen Ästen und brach mir selten einen Knochen. Tom-Tom, mein bester Freund, stand am Baum, peitschte mit der Zweiggerte den Boden, stieß afrikanische Laute der Begeisterung aus, immer dann, wenn ich besonders übel stürzte. Er hieß eigentlich Richard, er hatte in einer Sittenfibel von einem Kannibalenhäuptling gelesen, der englische Kolonialisten fraß. Er drückte sich Kirschen ins Gesicht und erzählte den Mädchen in der Klasse, dass er morgens Menschenblut trinke.

Die Klassenlehrerin duldete keinen Unfug: Tom-Tom musste am Becken neben der ausgerollten Deutschlandkarte sein Gesicht waschen. Deshalb schaute ich oft auf die Karte, ich lebte in München, wusste aber, wo Stade und Emden liegen.

Die Lehrerin gab uns eine Hausarbeit auf. Der Titel lautete: Wer bin ich? Aus welcher Kultur komme ich? Was ist meine Eigenart? Was prägt mich? Zu Hause schnitt ich die saftgrünen Wollsocken meiner Schwester in spitz zulaufende Streifen, leimte sie auf das untere Drittel einer Leinwand. Dann malte ich zwei Schnürsenkel rotbraun an, klebte sie zwischen die Grashalme, die Bänder berührten sich mit einem Ende. Ich nannte die Collage: Feuchter Kuss der Regenwürmer vor dem Blitzeinschlag, bei dem sie verdampfen.

Die Frau Lehrerin war ratlos, verwies auf die Fleißarbeiten der anderen Kinder. Ein Mädchen hatte die

Mutter gebeten, Topflappen für sie zu stricken. Es hatte auf die Zierborte mit Filzstift Halbmonde und Sterne gezeichnet. Ein Junge spielte mit voller Lautstärke die Schlager der ersten Gastarbeiter vor. Ein anderer Junge zeigte Urlaubsfotos aus dem südanatolischen Dorf, dem seine Eltern entstammten. Die Klassenbeste belehrte uns über die vielen Arten, ein Kopftuch zu binden. Ein Mädchen mit schwarzen Augenbrauenleisten führte ein zehnminütiges Tanzspiel ohne Worte auf: Es hüpfte auf der Stelle, schlackerte mit den Armen und Beinen, verbeugte sich, wir starrten es an. Wir sollten erraten, wen oder was sie dargestellt hatte. Ich sagte: Ein Frettchen, das durch das Herbstlaub in der Dachrinne stapft. Ich wurde getadelt, weil es mir an Einfühlungsvermögen mangelte. Sie bekam eine glatte Eins für die pantomimische Nachahmung eines Volkstanzes.

Ich wurde nachdenklich. Weshalb war der auf den Schulbänken angehäufte Plunder von Wert? Was verband mich mit dem Dorfesel und dem um seinen Hals gehängten Hafersack? Waren die Grobstricklappen Kulturschätze, die es unbedingt zu bergen galt? Wieso brach ich beim Anblick der Häkelkäppchen auf den Köpfen frommer Muselmanen nicht in Tränen aus?

Die küssenden Würmer wurden als Pipifax verworfen, ich sollte ein verständliches Bild meiner Eigentümlichkeit malen. Die Frau Lehrerin rügte Tom-Tom als Strolch erster Güte. Er hatte einem Kürbis vorne einen Mund ausgehöhlt, das geliehene Gebiss seines Großvaters hineingedrückt und den Kürbis auf zwei aneinandergenagelte

Besenstiele aufgespießt. Die Skulptur hieß: Kannibale ohne einen Engländer im Bauch.

Aysche führte mich zu einem Export-Import-Laden. Ich sah blaue Zaubersteine zur Abwehr des bösen Blicks, Wandteppiche in schreienden Farben, Filzhüte mit Bommel am schwarzen Band und ohne Krempe, Tulpengläser, Mokkatassen, Schnabelkannen. Ich rannte hinaus und lief in einen Scherzartikelladen. Später klebte ich Kugelköpfen aus Pappmaché falsche Karnevalsbärte an. Nach Schulschluss saß ich im leeren Klassenzimmer und antwortete auf die Fragen der Frau Lehrerin. Nein, mich zerfraß nicht der Selbsthass. Nein, mein Vater trug keinen Oberlippenbart, bei dessen Anblick ich schreiend floh. Nein, weder meine Mutter noch meine Schwester hatten einen dunklen Damenbart. Ich sagte: Ein Scherz ist lustiger als der Ernst. Sie bat mich, meine türkischen Mitschüler nicht länger zu veräppeln.

Tat ich das wirklich? Ich war verblüfft: Alle Türkenkinder prahlten mit dem Tand ihrer Eltern. Sie sprachen über die Heimat, wo sie ihren Urlaub verbrachten. Der Schuldirektor, der Hausmeister, die Bäckerin, sie sprachen über die Kultur, und meinten aber den Kulturkreis. Eine Tasche mit Toilettenartikeln hieß Kulturbeutel. Unser Nachbar, ein belesener Steuerberater, galt als ein Mann der Kultur. Ich schlug im deutschen Duden nach und las: Kultur ist die Gesamtheit aller Lebensäußerungen eines Volkes. Vereinte ich alle diese Lebensäußerungen in mir, musste ich mir ihrer nur bewusst werden? War ein Topflappen eine Lebensäußerung?

Aysche und Fatma nahmen mich mit zur Abendvorstellung der örtlichen Folkloregruppe. Harte ernste Männer spielten Ringelreihen, eine Frau im Haremskleid schrie ins Mikrofon und verzerrte vor Schmerzen das Gesicht. Der Heimatabend klang mit dem Verzehr türkischer Imbisse aus. Drückte sich etwa im sirupgetränkten Blätterteig mit Pistazienstreu Fatmas Leben aus? Einer der Volkstänzer sprach im Schnapswahn: Mein Blut vergieß ich nur auf heiligem Boden.

Ich floh, ich floh ihn und seine Welt, in der man mit schwülstigen Bekenntnissen die Liebe zu Land und Leuten tarnte. Aysche, Fatma, Hasan, Ali: Sie glaubten den Märchen ihrer schockgefrorenen Eltern, sie glaubten an die Herkunftsmatrix, an den Mutterboden, der nährte und belebte. Die Sippe gebot die Sitte, von der loszukommen doch frei machte. Kultur im Sinne einer Heimathysterie verbot das Einzelgängertum.

Unter meinesgleichen galt ich bald als verdorben und herzlos. Deutsch war meine Umgebung, deutsch war meine Sprache, deutsch waren meine Freunde – ich verzweifelte nicht an einer eingebildeten Fremdheit. Der Sohn eines national gesinnten Spinners sagte: Deutschland, das ist doch nur Luft, Leere, Lähmung. Von den Diaspora-Rechten hielt ich mich fern, sie behängten die Wände ihrer Wohnwaben mit Nostalgietinnef, ein einziger Blick darauf konnte sie in einen kranken Rausch versetzen. Worin bestand der große Fehler der Herkunftsfremden? Sie fragten: Enthält meine deutsche Umgebung Teile und Reste der konservierten Heimatwelt in der

Wohnung, in der ich mit Vater und Mutter, mit Brüdern und Schwestern lebe? Ich fragte mich: Wie kann ich auf einer Resterampe glücklich sein? Legenden bildeten den Text, der zum Textil wurde, zur kleidsamen Lüge.

Tom-Tom und ich trugen Brandungsparkas. Wir taten so, als trieb das Meer mitten in der Stadt, mitten im Arbeiterviertel, hohe Wogen gegen die Mietbaracken und Bürgerhäuser. Wir lasen Gedichte gegen die Gescheitheit der Gymnasiasten. Das Abwegige wollten wir denken, und nicht glauben, dass wir schon mit dem Nötigsten ausgestattet wären, wenn wir deutsch grüßten, türkisch lachten und französisch sangen. Es brauchte nicht der Geräte der Zeit. Es brauchte mehr als nur einen bloßen Spurwechsel, man musste hinüber gelangen in das dunkle Gebiet. Hier musste man Furcht und Freude alleine aushalten – ohne den Trost und den Beifall der Großfamilie.

Und also fand ich die Kultur, die mir keine Zugehörigkeit abverlangte, ich konnte verstehen oder den Kopf schütteln, ich konnte bleiben oder fliehen.

Im Theater, im ersten Stück, das ich sah, schrie sich eine Schauspielerin heiser, dann fing sie an, die Kleider abzulegen, bis die älteren Herrschaften rote Köpfe bekamen. Die Gattinnen buhten die Halbnackte aus, sie aber spielte weiter und weiter, und keine Viertelstunde später bekam sie Szenenapplaus.

Donnerwetter, dachte ich, wie hat sie das geschafft, wie hat sie das tobende böse Provinzpublikum für sich eingenommen? Sie spielte die Einflüsterin in einem Shakespeareschen Königsdrama, eine hoheitliche Dame, die sich später in eine hell auflachende Frau in der Theaterkantine verwandelte. Wir Zuschauer, die wir an den Nebentischen saßen, warfen ihr heimliche Blicke zu: Sie war eine herrliche Kannibalin, sie fraß Schund und Schwulst, sie machte die Welt schöner. Das war die von mir erträumte Betrunkenheit ohne Schnaps im Blut, das war die Beschwörung, die Verstörung, das vergebliche Staunen vor einem offenen Rätsel.

Ich war das Kind aus dem Kellerloch, das die Schuhe zum Ausdünsten vor die Tür stellte. Ich war der Gastarbeitersohn, der Eltern und Verwandte siezte. Man hatte mich im höflichen Umgang, in der Etikette und in der Kunst der leisen Anrufung unterwiesen. Ich kannte Gott als den Herrn der Armen, der Gesänge, der magischen Anschauung und des Feindes eitler Pracht. Ich war unvorbereitet – was fiel mir als erstes auf bei meinen Besuchen in der Hochkultur? Im Museum hingen unbewegliche Bilder, die Besucher erstarrten beim Betrachten, es kam ihnen nicht in den Sinn, sich beim Betrachten zu bewegen. Bei Lesungen saßen die Zuhörer still auf Holzstühlen, sie husteten und verschluckten sich, sie wollten aber beim Lauschen nicht laufen. Ich klebte mir einen falschen Knebelbart an und ging zur Lesung eines bemerkenswert drögen Poeten, der mich nach der Lesung am Bart zupfte: Er starrte auf den Bart am Boden, es sah aus, als wäre ein Frettchen zwischen unseren Schuhen verendet. Er lachte sich heiser, wir wurden Freunde.

Es hieß über mich: Der Türkenjunge, der kein Türkenjunge ist, verblödet; er vermisst nichts, er kann keine einzige Liedstrophe auswendig, mitten im Satz lacht er auf wie ein debiler Zwerg. Meine Eltern waren ob meines keimenden Irrsinns dann doch befremdet. Meine Mutter sprach mit einer Psychologin in der Nachbarschaft. Sie sagte: Dein Sohn ist ein Spielkalb, lass ihn traben.

Von Behaglichkeit wollte ich nichts wissen, ich brach aus, ich geriet in Wildnisse, ich übte mich in der magischen Anschauung. Ein Möbelstück war als Möbelstück nur ein Zierstück, ein Nutzding. Ich musste ein Auge zukneifen und mit dem anderen Auge schielen, und schon verwandelte sich die Vase auf der Flurkommode in eine Trompete, die ein geschuppter Vierfüßler auf den Rücken geschnallt hatte.

Am liebsten saß ich bei Mustafa Bey, dem Abweichler des Viertels, er hockte auf einem niedrigen Schemel und blickte mit den Augen eines Alligators träge auf Männer, Frauen, Kinder und schnüffelnde Hunde. Er lebte allein, das Sippengesetz hatte er zum Teufel gejagt, er knackte Kürbiskerne und las dabei in Autoreparaturanleitungen. Man lese Kultur von hinten, sagte er, und schon hat man ein wichtiges Wort entdeckt: Rutluk. Das Mädchen Ruth und der Junge Luk halten Händchen. Zerbreche, verkehre, zerkörne, entfärbe die Wörter. Dann wirst du nur noch fußlahme Reptilien sehen, die unter dem Gewicht der auf den Rücken geschnallten Trompete fast zusammenbrechen.

Ich verstand: Man muss heraustreten aus der Gemeinschaft, die die Tauglichkeit des Einzelnen an seiner Brauchtumspflege misst. Wollte ich denn von sittenstrengen

Eiferern, von Frömmlern, von frauenschlagenden Kerlen wertgeschätzt werden? Aysche, meine einstige Mitschülerin, gab dem Druck der Familie nach, heiratete einen Importbräutigam. Sein Intelligenzquotient war mit der Zimmertemperatur einer unbeheizten Wohnung im Spätherbst identisch. Er hielt sich an das Dorfdogma: Frauen gehören unter die Aufsicht des Mannes. Sie wollte ins Kino, ins Theater, zum Tanzspiel. Er wollte perlenkettenklackend im Kaffeehaus sitzen und schwätzen. Die Ehe hielt ein knappes Jahr, sie verließ ihn, und bald gab es die ersten bösen Gerüchte: Aysche, Dirne ohne Moral, lag in den Armen eines jeden Mannes, der bereit war, für den Liebesdienst zu bezahlen. Eine Sittenpolizei aus männlichen Sippenangehörigen durchkämmte die Straßen der benachbarten Viertel. Auch ich wurde befragt – alle Abweichler galten als Aysches Komplizen. Sie blieb unauffindbar. Mustafa Bey zerriss die Reparaturanleitung, in der er blätterte, brach alle Schemelbeine ab und zog um.

Meine Eltern zogen in das deutsche Viertel der deutschen Hauptstadt Bonn. Entkoppelung, Loslösung, Abwendung: Schöne Zauberworte auf dem Papier. In der neuen Schule gab es glücklicherweise keinen Exotenbonus, Verrücktspielen war erlaubt, Verrücktwerden verschob man auf künftige Tage. Tom-Tom schrieb mir einen einzigen Brief, in dem er mir das Ende seiner Kannibalenkarriere darlegte. In Afrika lockte das Glück, er wollte die Tochter eines Häuptlings heiraten, erst einmal würde er Ethnologie studieren. Wunderbar, dachte ich, was wird wohl aus mir?

Viele Jahre später wurde ich Schriftsteller, mein keimender Irrsinn kam mir zugute. Ich bekam Briefe, vornehmlich von aufgebrachten Lesern, die meine geistige Gesundheit anzweifelten. Ich wurde zum Helden der Redakteure von Regionalzeitungen. Immerhin unterstellte man mir, Teil des Kulturbetriebes zu sein. Ich las vornehmlich in Kleinstädten, wurde oft getadelt, bekam ein bescheidenes Honorar. Ich lernte: Der Schreiber gilt als liederliches und luderhaftes Subjekt. Ich konnte noch so oft auf meinen deutschen Lebenslauf hinweisen, man schlug mich den Mamelucken im fremden Milieu zu. Und die fremdstämmigen Gäste im Publikum verübelten mir meine Lust am Deutschsein. Ich sagte: Ich bog und log das richtige Deutsch zur Dichtung, ich dichtete mir aus Wörtern wie Ding und Drangsal, Geschick und Schlick ein deutsches Herz in die Brust. Ein Berufsausländer schrie: Sie reimen sich die Welt zurecht, das ist ungehörig! Ich war begeistert, er hatte mich erkannt. In der von hinten gesprochenen Kultur, in der Rutluk, hielt man wenig von Gänsemarsch, von Fahnenappell, von Herkunft und Herkommen, von der Dorfmoral, von Ahnenehrung und Totenkult. Ich war kein Grenzgänger, ich überschritt die Grenze. Ich schrieb in Spiegelschrift.

Es warten in diesem Land tausende von wilden, begabten deutschen Kindern fremder Herkunft auf die Erweckung, sie lieben die schöne Unerschrockenheit, die man in der Rutluk-Kultur erlernen kann. Unser Land braucht Wildheit, braucht kürbiskernknackende Kannibalenkönige, die wirbelnden frischen Geister, das neue

Geschlecht der Deutschfremden. Die begabten Kinder brauchen keine Geräte, Gerüste und Gehhilfen, sie müssen und sie werden erkennen: Wirklicher als die Illusion und der Wahn ist die Wirklichkeit, die man mit Träumen sabotiert. Das Warten hat bald ein Ende.

# Was der Alltag auf die Bühne spült

Mein Vater trank Essig aus der Flasche. Er rieb sich Kölnisch Wasser auf die Zunge, schluckte den Arbeiterlikör am frühen Morgen. Vor dem Spiegel buchstabierte er seinen Nachnamen, presste die Zunge an den Gaumen. Eine Geschicklichkeitsübung. Vertat er sich, schnitt die Klinge ins Fleisch. Dann fiel ein rot betüpfelter Rasierschaumflocken ins Waschbecken. Zwischen Daumen und Zeigefinger rollte er gerupfte Watte rund, drückte sie auf den Hautriss. Blutender Mann mein Vater, fast an jedem Tag. Die Knopfleiste gestärkt, die Knöpfe fest vernäht. Ohren frei geschnitten, Oberlippenbart in einer Linie mit dem Lippenrand. Blick auf die Uhr am linken Armgelenk. Dann sagte er : Türke marschbereit, auf zur Arbeit.

Ich stand neben Mutter und Schwester in der Tür, wir sahen ihm nach: Fest vermummter Arbeiter im Dezemberlicht. Hinter unserem Rücken meine Großmutter, die die Stricknadeln weglegte. Sie stimmte ein altes Lied an. Ein Lied über Emsigkeit, die das Land besser düngt als das Aas. Dies Lied sang sie nie zu Ende. Nach vier oder sechs Strophen hielt sie inne, sagte: Mächtiger Gott, gib uns Kraft, Steine zu spalten!

Wir sprengten auseinander. Schwester und ich lernten deutsche Worte, schrieben sie ab vom Lehrbuch, starrten auf das Wort, übersetzten es in ein Bild aus Lettern, zeichneten nach. Mutter machte Hausarbeit, wir hörten den Lärm der Elektrogeräte. Sie zankte sich mit ihrer Mutter, die hier eine Decke glatt strich, dort Sofapolster in die richtige Form kneten mochte.

Großmutter litt an der Gemütsverschattung, sie litt an der Kälte und der Stummheit, das Schweigen im fremden Land setzte ihr zu. Sie wollte sich Kraft ertrotzen – was tat sie also? Sie erzählte Geschichten aus dem Kaukasus. Unter der Herrschaft Stalins wurde ihre Sippe fast vollständig ausgelöscht, ihr gelang die Flucht in die Türkei. Zeit ihres restlichen Lebens bekümmerte sie der Verlust der Heimat. Der Tod ihres Mannes nahm sie sehr mit; Mutter überredete sie zu einem halbjährigen Aufenthalt in München. Sie aber war nicht glücklich, sie sagte: Kummer gehört zu mir, ich kann nicht mit dem Fächer den Nebel vertreiben wollen; ich kann nicht am Grashalm ziehen wollen, dass er schneller wachse. Diese verdammte Betrübnis, dachten wir, und wünschten ihr einen blinden Verehrer. Auf die in andere Frauen Vernarrten stieß ich überall – das waren Kurzbeinige, Ölaugen, Halbvernegerte. Dies Wort hörte ich zum ersten Mal in einem bayrischen Wirtshaus. Man hatte mich dorthin geschickt, um Pommes zu holen. Der Wirt am Zapfhahn, er füllte Gläser halb mit gelbem Saft, halb mit Schaum, er schaute mich an: ein Kind im kurzen Hemd und in kurzer Hose. Er sagte freundlich: Bist schon ein halbvernegerter Knirps. Ich nickte und er schaufelte Extraportionen auf die Pappschalen.

Stunden oder Tage später auf dem Pausenhof, ich starrte besten Kumpel Bernhard an, sagte den Satz fehlerfrei auf. Es gab eine Keilerei, die Klassenlehrerin trennte uns,

Bernhard petzte. Ich musste ihr versprechen, mir das Fluchen abzugewöhnen.

Zu Hause fragte ich, wieso man getadelt wird, wenn man gutes Deutsch spricht. Mein Vater: Ein schwarzer Herr besteht nicht nur aus seiner Haut. Meine Mutter: Habe im Duden nachgeschlagen, da steht unter ‚Neger': veraltet. Meine Großmutter: Der Schatten des Krummen ist krumm. Der Schatten eines schwarzen Herrn ist ein Menschenschatten … Sie sprachen mir Mut zu, ich verstand nichts.

Am darauffolgenden Tag, in der Pause, sagte Bernhard: Aallacke! Ein Mädchen petzte, bester Kumpel musste nachsitzen. Diesmal fragte ich das Mädchen, in das alle Jungs heimlich verknallt waren. Petra sagte: Blödmann! Das heißt nicht Aallacke, das heißt Kanacke … Sie sprach mit mir, nur darum ging es, also heuchelte ich Interesse. Sie erklärte, sie erzählte. Ihr Rat für die nächste Begegnung: Nenn ihn Mehlwurm, er ist bleich, das wird ihn treffen …

Ich tat es, Bernhard lachte, keiner petzte mich.

Dann starrten wir auf das zertretene Schneckenhaus in der Profilrille eines Schuhabdrucks. Wir schwiegen. Wir sprachen. Konnte man die Schönste der Klasse mit Worten einfangen? War sie unwillig, Küsse zu ertragen? Waren wir beschränkt, weil wir mit schartigen Münzen spielten? Wer konnte das schon – das Glück an die Deichsel spannen? Zwischen Petras Ja und ihr Nein passte keine Nadel – bejahte sie, wenn sie verneinte?

Arbeiterkinder mit glühenden Wangen, schüchtern noch, an jedem Zweig blieben wir hängen, Wind blies uns das Haar ins Gesicht. Wir verstanden nichts.

Ich nannte Bernhard nicht mehr Neger, er nannte mich nicht mehr Aallacke, dafür rauften wir uns die Knöchel blutig. Das Elend mit der Axt aushauen, das wollten wir, Grabgesänge anstimmen, das wollten wir.

Stunden oder Tage später ein schlimmes Gerücht: Petra gibt jedem Jungen für fünf Mark einen feuchten Kuss. Dabei schließt sie die Augen, und der Junge, der ihre Lippen auf den seinen spürt, glaubt, sie sei berührt. Ein reines Mädchen, nun mehrfach mundbeschmutzt. Bernhard stellte sie in der Pause, schimpfte sie laut ein Luder. Ich stand hinter ihm, ein feiges Kind mit Schweinsgesicht. Sie machte einen Ausfallschritt, spuckte über seine Schulter hinweg mich an. Ihre Spucke in meinen Augen. Ich blinzelte gegen die Blindheit, dann konnte ich wieder sehen: Der Mehlwurm starrte sie an, starrte mich an, gab mir eine Maulschelle, ich setzte mich auf den Hosenboden. Nicht wichtig, dachte ich, der Wind trägt es fort.

Nicht wichtig, sagte Mutter, Sense prallt gegen Stein, du bist Stein, dein Freund ist Sense. Ein schwarzer Herr ist kein Neger, und das Mädchen ist kein Luder… Weder Bernhard noch Petra sprachen mit mir, eine ganze Woche lang. Stimmten die Gerüchte über sie? Wieso hatte sie mich blind bespuckt? Darüber grübeln? Nein, es gab Besseres zu tun. Nicht zum Schwarmgeist entarten, das war die Losung. Armut lehrte: Ein Schoßpurzel wurde man, wenn man umfiel unter Beschuss. Armut lehrte: Über die Risse im Schuhleder streicht man Schuhwichse, auf das Loch im Ärmel kommt ein Flicken – für den Rest hat man selbst zu sorgen.

Großmutter wurde wunderlich: Sie ließ sich von meinem Vater die Wettermeldung übersetzen, in Gipfellagen starke Stürme, den Satz sagte sie, raunte sie, flüsterte sie morgens, mittags, abends.

Ein zweiter Bernhard wurde zum zweitbesten Kumpel, die Namensvettern vertrugen sich schlecht. Bernhard eins nannte sich: Mehlwurm. Bernhard zwei: Fette Sau. Ich nannte mich: Aallacke. Die Mädchen nannten uns: Die drei Stinker. Die Jungs nannten uns: Mehlwurm, Fettsack, Neger.

Vater nahm mich beiseite, sagte: Bist kein Negerkind, was spinnst du dir zurecht?... Gute Frage. Nachts dachte ich nach. Eine kleine Leiche im Bett in der Kammer im Durchgang zwischen Küchennische und Schlafzimmer der Eltern. In meinem Kopf deutsche Gedanken, ich ging das Familienalphabet durch: Vater schnarchte, Mutter schnarchte nicht. Großmutter schlief, leise Luftlaute aus der Nase atmend. Schwester lag auf dem Rücken, Bettdecke bis unter die Augen gezogen. Anderes Blut, andere Sprache. Blutrote Sicheln auf meiner Stirn, Nagelkerben in der Haut, ich riss mich auf im Schlaf. Wieso – weil mich die Worte verzehrten? Nein. Weil mich Alpträume plagten? Ich träumte nicht. Weil mich die Liebe biss? Petra war unerreichbar. Ich fand keine Antwort.

Die Jungs in der Klasse neckten mich immer seltener, sie hielten meine Stirnkerben für kleine Raufereiwunden. Sie nannten mich: Harter Neger. Und plötzlich nannten sich alle: Neger Erwin, Neger Kurt, Neger Max. Bayrische

Negerbande, Fettsack wurde Anführer, er konnte als Einziger ordentlich hauen.

Petra war in einen Sechstklässler verknallt. Der Junge sah wirklich gut aus, alles stimmte: grün-weißes Karohemd, gebügelt; Bundfaltenhose, knitterfrei; blondes Haar, Fönwelle verfing sich an den Wimpern. Wir nannten ihn aus Neid Tante Tucke, kurz Tatuck. Unsere Häme prallte an ihm ab, mit Gesindel gab er sich nicht ab.

Großmutter wurde wunderlicher: Sie saß auf der Gartenterrasse, versuchte sitzend ihren Schatten zu zertreten. Seele, einsam. Fette Sau saß manchmal neben ihr, sie starrten schweigend aufs Gras – verdoppelte Seele.

Ich ging an der Hecke entlang, rückte auf Anpfiff an, übersetzte: Sie sagt, ihr Enkelkind, also ich, hat zum Verriegeln der Tür seines Verstandes eine gekochte Karotte genommen ... Fette Sau dachte nach, lachte sich dann halbtot. Alle wussten es. An unserer Hecke ging Petra auf dem Heimweg vorbei, und weil sie mich oft an der Heckenecke entdeckt hatte, wechselte sie immer von leichtem Trab in den geduckten Galopp. Diesmal blieb sie stehen – was sah sie? Im Hintergrund gackernde alte Dame, die im Sitzen den Taranteltanz übte. Davor gackernde Fette Sau, dicker Klassenkamerad, hackfleischgefüllte Pastete in der Hand. Und an der niedrigen Hecke Aallacke, großäugiger Depp.

Sie sagte: Vom Glotzen kriegt man Stielaugen. Ich sagte: Stimmt nicht ... Und schon rannte sie weg, gelber Schulranzen, voll mit Heften und Stiften, schob sich an ihrem Rücken hoch und runter, hoch und runter. Gesatteltes Fohlen, lockerer Sattelgurt.

Mutter mahnte, der Vergleich einer Frau oder eines Mädchens mit einem Pferd sei falsch. Wieso? Trense, Zügel, Gerte gehören zum Reitsport. Man dürfe einen Jungen oder einen Mann ja auch nicht mit einem Kalb oder einem Ochsen verwechseln.

Jeden Tag Belehrung, ich hatte es satt. Wir waren Unterschicht, und doch mussten wir Bürgers Benimm lernen. Tante Tucke war Bürgerkind, tadelloses Benehmen. Mutter mahnte: Nehmt euch, ihr wilden Knirpse, an ihm ein Beispiel. Tatuck fluchte nicht. Tatuck verbeugte sich leicht, wenn er anderer Jungen Mütter die Hand gab. Tatuck schwitzte nicht, hatte keine Schweißflecken am Hemd. Er modellierte die Haare nicht, wie wir Neger, mit Zuckerwasser. In meiner rechten Gesäßtasche steckte ein langer Plastikkamm, alle zehn Minuten griff ich danach und kämmte mich, auch im Unterricht. Tatuck, so sagte man, kämmte sich nur zwei Mal am Tag: morgens nach dem Zähneputzen, abends nach dem Zähneputzen, vor dem Schlafengehen. Leuchtender Junge, Traum der Mädchen, Petras Prinz.

Neger Kurt stieß zu uns, er trug das Haar wie wir vorne kurz, hinten lang, es sah aus, als hätte man ihm Geierfedern auf den Schädel geklebt. Er spuckte oft einen Speichelstrahl durch die Zahnlücke, also hieß er: Rotz. Rotz sagte: Wir passen ihn ab, hauen ihn grün und blau. Für den Spruch gab es von Mehlwurm eins auf die Glocke. Bei Feindschaft galt Regel Nummer eins: Mann gegen Mann, sonst Memme. Rotz haute zurück, sah nach übler Rauferei alles ein. Hinterhalt ausgeschlossen.

Schlechte Noten, ich musste pauken. Im Diktat bekam ich fast immer eine Vier, Vater drohte mit Taschengeldkürzung. Lockte mit fünf Mark für eine Zwei. Ich schrieb ab bei Rotz, wurde erwischt, musste sofort nach Hause, Klassenlehrerin hatte mit rotem Kulli tadelnde Worte in mein Heft geschrieben, ich musste mit Unterschrift des Vaters oder der Mutter wieder zurückkommen. Mutter las, schlug im Duden nach, bis sie verstand, gab mir einen Satz heißer Ohren, ich kehrte zurück, Lehrerin Frau Hübel ließ mich nachsitzen.

Jeder Tag eine Niederlage, jede Woche ein Fiasko. Ich paukte, kam mit einer Drei nach Hause, Vater sagte: Entweder - oder, dazwischen gibt's nix, schon mal ein guter Anfang. Fette Sau nannte mich Negerstreber. Ich nannte ihn Fette Tucke. Das nahm er persönlich, wir schlugen uns, Erde im Zuckerwasserhaar, Grasflecken an hellen Hemden. Wir rieben die Flecken mit Spucke breit.

Wir Neger holten auf. Wir wurden besser. Notendurchschnitt: glatte Zwei. Problem: Stinker wurden Streber. Vater sagte: Ich werde arm. Die Jungs wollten mitmischen, Jungs von anderen Klassen, Jungs anderer Arbeiterfamilien, wir nannten uns: Deutsche Negerkraft. Stolz und Zuversicht. Das war das Schmalz auf der Brotscheibe, goldlackierte Blechkrone auf dem Kopf, das war Kämpfen lernen, das war der Glanzfilm auf dem Gesicht.

Mutprobe: Korrodierte Batterie lecken. Mutprobe: Nackte Faust auf Kieselerde schmettern, bis die Knöchel aufplatzen. Mutprobe: Zehn Backpfeifen kassieren, Augen dürfen nicht tränen. Alles für die Mädchen, das alles, damit die Mädchen uns anlächelten. Es tat sich nichts. Sie gingen mit sauberen Nichtnegern, mit Hippies, mit den Netten aus dem Nachbarviertel.

Großmutter zertrat endlich ihren Schatten, flog in ihre Heimat, ein großes Loch tat sich auf.

Unser Haufen hatte Zulauf, ich wurde zweiter Bandenchef, doch wer waren wir schon: Zuschrotttreter von Kaugummiautomaten, kleine Kosaken des Stinkviertels, stolze Neger im Buschland. Was kümmerten uns der Wind, die klackenden Münzen in der Hosentasche, das gemähte Gras, die Schneereste im Rinnstein. Worüber dachten wir nach, worüber grübelte ich – über trudelnde Kreisel. Müd geworden, vertropft, kalter Kopf im Sommer, kalter Bauch im Winter, Streuner, Strolch, übers Glatteis wirbelnder Kreisel. Tage, Wochen, Monate, sechste Klasse, siebente Klasse.

Neue Klassenlehrerin, schöne geschminkte Frau im schönen bunten Faltenrock. Sie sagte: Ich werde Unbotsmäßigkeit nicht dulden. Nachschauen im Duden, was hieß das? Es hieß: Aufsässigkeit. Neger, Zeichen unseres Stolzes, von heut auf morgen verboten.

Frau Mayer an der Tafel, sie schrieb einen englischen Satz auf, wir Jungs glühten, wir Jungs kratzten an unseren Pickeln. Jeden Morgen getrockneter Gesichtssud am Kissen, Mutter wechselte jeden Tag den Bezug, ich musste zur Hautärztin. Sie schnitt einen Abszess auf, sie schnitt mich einmal im Monat auf, sie schnitt und freute sich über die schnelle Wundheilung. Ich bekam einen neuen Kampfnamen: Mullmumie.

Deutsch wurde zu meiner Muttersprache, ich fühlte mich wie in den Sturm gestoßen, neue Anfänge, neue Gesichter, neue Regeln. Vater nahm einen Schluck aus der Essigflasche, murmelte das Tischgebet, ließ erst meine Schwester erzählen: Alles gut, nur zwei Zimtzicken in ihrer Klasse, ein toller Junge, blondgelockt, blauäugig, alle Mädchen schwärmten ihn an.

Vaters Faust krachte auf die Tischplatte, fünf Minuten schweigend essen.

Ich durfte erzählen: Alles gut, Anschluss gefunden, trotz Aknefratze zum Kanackenkönig ausgerufen.

Vaters Faust sauste ein zweites Mal nieder. Nicht von Gottes Sitte abgehen, sonst wird man zum Cousin einer Kröte – das sagte mir meine Großmutter am Telefon. Wind trug Rat und Losung fort, neue Spiele, neues Glück.

Ich entdeckte Gedichte, ich las mich fest, las kreuz und quer, ohne System und Bestimmung. Deutsches Wort, deutsche Kraft – als ich diese Worte im Deutschunterricht sprach, hielt mich der Lehrer ab sofort für verdreht und rechtsradikal. Nachschwätzen war die Gewähr für beste Noten.

Ich blickte mich um: Flegel in Fetzenjeans, sie nannten sich Rebellen, Kiffer und Rocker, und ein paar Politische, die den Kartoffelstempel der Rote Armee Fraktion mit Kuli auf die Federmappe gezeichnet hatten. Schluss mit lustig, keine Jungenstreiche mehr, die Fransenfrisurlinken ödeten mich an, die Mädchen waren ernst und klug, sie setzten auf volle Seelenhärte. Poesie verpönt, Poesie Opium, Karriere oder Klassenkampf, dazwischen gab es nichts.

Ich ging unter. Man nannte mich den Vorzeigetürken, ich hatte es aufs Gymnasium geschafft. Man nannte mich den untypischen Türken, denn ich ließ mir keine Borstenleiste auf der Oberlippe wachsen. Ich rauchte nicht, ich trank nicht, ich kiffte nicht; ich trug auf Silhouette geschnittene Hosen, weiße Hemden mit Haifischkragen, Pullunder mit Schachbrettmuster.

Türken schimpften. Ein in die andere Kultur Verwehter, das war ich in ihren Augen. Halbes Herz, halber Soldat, toter Späher, Deutschgewordener, das war ich. Der eine Feder aufs Dach werfen wollte, der rauschenden Fichten lauschen wollte, das war ich. Deutschgelackter, so wurde ich gerufen. Machte nichts, ich stieg hinab in meine Welt, dort herrschte drin wie draußen dasselbe Wetter.

Schöne bunte Bilder zeichnen: Köter, Fell von schmelzenden Schneeflocken glänzend; Krieger nach der Schlacht in einer verwüsteten Zone; Mann und Frau, röstend in anfänglicher Liebesglut, ihre Schatten zerfielen. Ich schaute auf diese meine Bilder und sagte laut auf, was ich sah. Ich beschrieb, ich führte Selbstgespräche.

Bester Kumpel kurz vorm Abitur: Afri Koma. Afrodeutscher, Mutter weiß, Vater schwarz, Afri Koma pechschwarz. Die Macht des Erbguts. Zu seinem Namen war er gekommen, weil er die Hälfte des Tages verdöste. Sein Standartsatz: Das eine oder das andere, oder beides – mir ist es immer recht.

Wir sprachen Intellektuellendeutsch. Wir waren scharf gemachte Hunde, Hass war Grundprinzip. Alles hassen, was verweichlicht. Alle hassen, die in der Hölle aufräumen.

Dienstfertige, Homos, Hippiemädchen, Anthroposophen, wimmernde Ausländer, süße nette Buben, linkes Gesindel, rechtes Gesindel: hassenswert.

Afri Koma hatte Dauerfreundin, ich hatte nix, sie gab mir Ratschläge: Du bist so blöd, dass die Kessel pfeifen. Du bist ein toter Schädling. Du bist ein Besiegter, sie kriegen deinen mageren Arsch …

Was tun? Schnauze halten. Bürgerstolz nicht bekriegen. Lautes Getön, leere Worte – Schluss damit! Ich sah ein, mich benaschten die Fliegen, ändern musste ich mich. Meine Präsenz war Pestilenz. Abitur. Studium. Abbruch. Fiasko Nummer eins. Zweites Studium. Abbruch. Fiasko Nummer zwei. Dann Malen.

Afri Koma schickte Postkarten aus Heidelberg: Aus mit der Dauerfreundin, neues Mädchen, unter seinem Einfluss stark nach links abgewandert.

Ich schrieb nicht zurück. Führte kein Tagebuch, pfiff auf Biographie, kam mit meinesgleichen zusammen. Am harten Rand Lauernde. Wir hielten vielblättrige Blume in der Hand, rupften ein Blatt, rupften das nächste, rissen ein anderes, und wir sagten leise: Unsere Verluste, ihre Verluste, unsere Verluste …

Rund um mich Getöse, dann ein Einfall, erstes Buch erschien. Über Nacht wurde ich zum Kanakenhäuptling. Deutschland kreiste und gebar einen Schädling. Harte Zeiten, harte Worte. Alles wie gehabt, alles wie früher in der Negerbande.

Ich schickte an Afri Koma eine Postkarte, ich schrieb: An mir wischen sich die Guten den Arsch ab. Liebst du noch dieselbe, oder hast du eine Neue? ... Keine Antwort.

Mich spülte der Alltag auf die Bühne, man fragte mich, wer ich und meinesgleichen sind. Ich verwies auf meinesgleichen: Gemisch und Mischung. Herkunft war gestern, das deutsche Heute zählt. Wir sind nicht wir, und ich bin nicht der Leitbock der Herde. Ungläubige Horrorfreude im Literatursaal, man starrte: Gymnastik des Kaspers im Stinkviertel. Begabter weißer Neger. Schiefe Fratze, schlechter Anzug. Tückischer Türke auf der Bühne. Beschnittener Heide.

Erster Auftrag vom Theater: Mach uns den Othello heutig, dichte Shakespeare um. Tat mich zusammen mit bestem Kieler Kumpel, zwei Arbeiterkinder, übles Gespann. Wir mussten nicht rätseln, es war klar: Was sollte ein Weißer Schuhwichse ins Gesicht schmieren – lächerlich. Othello hieß Schoko, sein Negersein unwichtig, alter Mann liebt junge Frau, das war wichtig.

Bei der Premiere in München große Entrüstung, Buhrufe, Prominente fuchtelten mit geballter Faust. Verrisse in Serie, Exekution. Grinsender Afri Koma auf der Premierenfeier, nannte mich Schweinepriester und Lakai eines schmutzigen Götzen. Flucht am nächsten Morgen, unser Kulturattentat war geglückt, auf einen Skandal hatten wir es nicht abgesehen, keiner glaubte uns.

In mir sah man, sahen die Theaterexperten den Abkömmling des wilden Volks, verheerend. Hunnenwalze auf zwei Beinen. Frage: Alles Mögliche verdeutlichen, statt zum Zweitmittel, zum Sinnbild zu greifen – war das statthaft? Sprach ich wie ein Lump, der zersetzte? Mein den schönen Worten hohnsprechender Mauldreck – war das statthaft? Propagierte ich Verwesung, und stimmte ich ein Loblied an auf des Pöbels Sieg? Geschundene und Verschweinte sind nicht korrekt, sagte ich, und es verschweint jeder, der am Rand die Dauerbehausung sucht. Wer wenig hat zum Fressen spuckt krachende Laute aus.

Doch das war nur die halbe Wahrheit. Volk sprach mit dem Arsch. Gute Gesinnung, Seele, guter Ton, Tischsitte, Etikette, Kammerton, Zimmerlautstärke, Zeremonie, Schaugepränge, Schicklichkeit: Zeichen der höheren Stände. Volkesgunst oder Häme war immer aus der Tiefe hochgerülpst. Volk sagte: Mameluck, oder Dreckskerl, oder Pottsau, oder Türkenbengel, oder Schleieraysche, oder Pisspott. Das Üble stank von selbst, es musste nicht erst verübelt werden.

Anders aber bei den Hetzern, anders aber die Hetzer: Mensch galt nichts, war nur ein Element des Ganzen, ein Tier der Horde. Die Völkischen griff alles Dazugekommene hart an, sie dachten in den Begriffen der Invasionsbiologie.

Ich aber wollte nicht den Wortpfaffen geben aus Angst vor dem Beifall aus der falschen Ecke. Der entstellte Mensch, mit den Mitteln der Sprachkunst verzerrt, verzeichnet, überblendet, stand ohne Pelz und Perücke auf der Bühne: Der Zuschauer verfolgte das groteske Spiel, er schauderte, er zitterte, er glühte vor Hass. Weshalb? Er hatte Geld bezahlt für schöne Stunden, man machte ihm die Abendunterhaltung madig. Er konnte die

Entstellten nicht in Ruhe spielen sehen, sie zogen ihn hinein in eine schmutzige Geschichte. Drecksstücke! Furchtbare Entartung! Volkes Abziehbild, eine grell geschminkte Schabracke, entsprach mehr der Wahrheit als das Wahre, Schöne und Seufzendmachende. Furchtbar war fruchtbar und fruchtbarer.

Man hielt mir oft das Mikrofon ans Maul und ich erzählte, ich erklärte. Man dachte: Der Kerl kann Worte machen, das ja, nur besänftigen kann er uns nicht... In meiner Heimatstadt, in Kiel, galt ich als düsterer Kulturkombattant, als Dorfheiliger, der sich in wüsten Gebärden verbrauchte.

Alte Freunde sagten: Bist mit Volkes Gesängen berühmt geworden, jetzt kennt man dich in jedem dritten Kuhkaff. Verhärtete Türken, jene, die in der Ecke flennten und grimmten, sie schimpften mich einen Übergelaufenen. Wieso eigentlich? Hatte ich je Volkstum behauptet, und war, da man mir die Mohrrübe vor die fletschenden Zähne hielt, vom Ursprung abgegangen?

Ein krimineller Türke gehörte zum Stadtbild der Metropole genauso wie der Rüpelsohn deutschstämmiger Kasachen. Sie gehörten zur stolzen Unterschicht, der Stolz machte sie nicht unbedingt zu besseren Menschen. Ich sagte: Der Mann, der seiner Schwester für Ehre in den Kopf schießt, ist ein Dreckskerl. Verhärteter Türke verfluchte mich: Ein Deutschenfreund bist du, ein Konvertit, ein Volksverhetzer. Wieso eigentlich? Zeichnete ich grausige Zerrbilder? Glaube, Volk, Ehre, alles Wahnbilder des Mannes.

Anstand ohne Totschlag schien nicht möglich zu sein. Wer ‚der Türke' oder ‚der Jude' sagte, ohne einen bestimmten Türken oder Juden zu meinen, roch streng nach Faschist. Andererseits liefen dort draußen viele fleischgewordene Klischees herum: Bauerntürke voraneweg, mit der Gebetskette klackend; Eheweib, dick und zugeschnürt, watschelte hinterher. Schlägerrotte in der Innenstadt, Südländer und Balkanesen, sie spuckten den Passanten vor die Füße, zockten Fünftklässler ab. Fellachenkinder, kaputte Söhne kaputter Väter, griffen Frauen im Sommer in den Schritt. Taten sie das, weil man ihnen den Sklavenring in die Nase trieb? Wer keine Grenzen kannte, nannte sich ausgegrenzt. Kamen sie aus einer Kultur, die Infamie guthieß, so sie dem Mann zu Eigen war? Waren sie also Kulturträger, wenn sie sich wie lupenreine Kanaillen verhielten? Wer der Kanaille einen Fußbreit weicht, bekommt als Dank zwei Fausthiebe. Galt man als Salonnazi, bloß weil man die Niedertracht kleiner Leute nicht dulden mochte?

Fragen über Fragen, und eine Antwort: Keiner kam mit dem durch, was er tat, obwohl er wusste, dass es falsch war, was er tat. Früher oder später erwischte man ihn, erwischte es ihn.

Den Intellektuellen ein Gräuel: Bürgersteig ließ sich nicht auf Glanz bohnern. Hässliche Welt, Nachtschrecke der Moderne. Identität: Dichtung und Wahrheit klafften auseinander. Dem vorurteilsfreien Volks- und Menschenkundler riss, selten ohne Anlass, der Geduldsfaden. Er dachte: Sie nennen mich einen scheiß Deutschen, einen scheiß Schweizer, einen scheiß Österreicher. Was meinen sie damit? Gehören sie also nicht dazu? Wollen sie Ausländerkinder bleiben?...

Tatsächlich war es bei vielen Linksliberalen vom Exotismus zum Exorzismus nur ein kleiner Schritt. Der Türkennachbar wurde lange Zeit freundlich angelächelt – er schien sich Bart und Haar mit pechschwarzer Schuhwichse zu färben. Dann aber zwang er die Älteste zur Heirat mit einem Importbräutigam. Verwicklungen, Verwerfungen. Am Ende verschwand die Tochter und wurde als Nutte der deutschen Kultur abgeschrieben. Wie oft hatte man das gehört: Das ist bei uns Brauch. Musste man aber die Dorfsitte tolerieren? Man hielt sich an den Menschenverstand und entschied: Nein.

Zauberwort und Kampfparole: Identität. Sie war ein aufgespritzes Ich. Ein Maskengesicht, das mit dem Fleischgesicht verwuchs. Identität war eine Klischeeseele, stumpfer Spiegel fing verzerrtes Bild ein, der Mensch zerschlug den Spiegel, beklebte die Innenwand des Hohlraums mit den Scherben. Fast alles ging, fast alles war erlaubt, jeder erfand seine Geschichte.

Das Türkenkind, nicht mehr Türke und aber keinesfalls zerrissen, ob der Freiheiten draußen erbost, dies Kind reifte schnell. Es rief: Ich will Respekt.

Komisches Wort, Losung der Blöden, Geschrei der Berserker. Ein Schläger, dem es nur ums Abzocken ging, verlangte Respekt. Wieso? Ein Messerstecher, der schlitzte und verletzte, schrie nach Mutters Brust. Der asoziale Ausländer, der andere als Missgeburt oder Opfer ansprach, der Schwule und Zigeuner am liebsten vergasen wollte, dieser Kerl schimpfte jeden einen Fremdenhasser, der es wagte, ihn schüchtern zu tadeln.

Die Jungs schauten zu ihren älteren Brüdern hoch und sahen: Großmäuler. Sie sahen: Faustkämpfer. Sie hörten ihre Brüder reden: Alle Frauen im Westen sind Flittchen und lechzen nach Analverkehr. Heiraten wird man eine Jungfrau, denn sie kennt nur den Penis ihres Mannes und kann nicht vergleichen…

Die Jungs wuchsen zu hammerharten Proleten aus, sie epilierten Brust und Beine, sie halfen den Mädchen, mit denen sie sich trafen, in den Mantel. Und doch: Außen und Innen kamen erst dann zur Deckung, wenn sie eine Jungfrau freiten. Das Bildnis des jungen Mannes, der zum sittenstrengen Familienvater wurde: eine Kopie des Vaters, eine Kopie der Kopie der Abbildung der Herkunftskultur; Identität in Tüten, luftdicht verpackte Seele.

Darüber gab ich Auskunft, meistens in Kleinstädten, vor einem überwiegend deutschen Publikum. Man warf mir Selbsthass und kulturelle Gelenksteife vor. Man nannte mich, Zitat: Einen deutschnationalen Multikulturalisten. Ich würde das Klischee bemühen, um den Verkauf meiner Bücher anzukurbeln. Man sagte: Sie übertreiben. Ich sagte: Nein, ich überspitze. Man klagte über meine schlichte Weltsicht, über meine Überassimilation. Ich würde mir die Feuerzonen einbilden. Ich wäre ein Stubenschwätzer, dem man mehr Lässigkeit wünschte.

Widerworte waren zwecklos, man starrte mich an, als hätte ich vor den Augen des Publikums einem Lamm den Kopf abgebissen. Scherze waren nicht zugelassen in Zeiten des Zerfalls, die Ethno-Etikette schrieb harten Umriss und bunte Gewandung vor. Zum Komödianten ging man, um sich bespaßen zu lassen. Zum Literaten in der Hoffnung, er werde sanfte Worte zur Weltkennzeichnung finden.

Was folgt aus dem Gesagten? Es sind die Tage der Wiederaneignung des alten Guts: Man definiert sich hier wie dort als Volksgemeinschaft. Vertrübte, Verdrossene, des Unbehagens Überdrüssige, Versprengte, Halbgläubige, Neugläubige: Sie spüren das Tauwetter. Das Rumpf-Ich im Fettmantel, das ist ihre Identität. Sie starren auf jene, die sich von ihnen unterscheiden. Es sind dies, so sagen sie, die anderen Leute, der Rest, das Übriggebliebene. Diese anderen Leute, nicht besser oder schlechter, werden verhässlicht. Stereotyp war früher, heute greift man zum Steckbrief. Der alte Arbeiter in Rente, gläubig geworden, die ihm verbliebene Lebenszeit vergolden wollend, dieser Mann gilt nur noch als Muselmann. Für die schnelle Zeichnung bedarf es nur einiger weniger Striche, man vernachlässigt Biografie und Charakter. Die anderen Leute: Auf Rumpf und Stumpf herunter Gezeichnete. Die Verzeichneten. Diese Leute, so sie sich nicht selbst verzeichnet haben, sehen sich gern als Figuren in einem Bild. Ein Luftgeist, benannt und also sichtbar, wird nicht länger übersehen.

Als Kind habe ich mich oft verhört, dadurch wurden das Leben und mein Leben bedeutsamer. Ein falsches Wort ist unverhofft ein guter Anstrich. Selten fing ein Wort mich besser ein als der Name: Aallacke.

# Was ist uns heilig?

Ich schlug das Heilige Buch auf und las Jesus' Wort nach Lucas, ich las die erste Seligpreisung, die er sprach vor dem Volk und vor seinen Jüngern: ‚Selig seid ihr Armen, denn das Reich Gottes ist euer'.

Und ich suchte die Armen auf, um zu fragen: Was ist kostbar und unverzichtbar? Was durchwirkt ihre Stunden, da sie in Verstecken und Verschlägen eine Erholung, eine Genesung, und manchmal eine kleine Erhebung ersehnen? Ich ging zum Rentner, den man den Krüppel nannte, weil er bei jedem Schritt in der Hüfte knickte; den die anderen Alten verhämten, weil er die gesteppte Stofftasche seiner Frau selig trug, bei jedem Gang zum Supermarkt oder Bäcker. Mit Gott oder den vielen Teufeln hatte er nichts zu schaffen: Er wusste um seine Winzigkeit, theologisches Gezänk ging ihn nichts an.

Er bat mich in seine Wohnung, ein Zimmer mit Klappbett, mit zerschrammten Möbeln und einem Schaukelstuhl, dessen linke Kufe zerspalten war. Risse und Rost an den Wänden, Risse und Kaffeeflecken am Linol. Die Bismarckmütze, die er als junger Mann getragen hatte, lag angestaubt auf der Kommode.

Herr S. vertrank sein Glück. Er war umgeben von den Toten, die an seiner Übergangsjacke zupften. Die linke Flügeltür des Kleiderschranks stand offen, das Holz hatte sich verzogen, vier weiße Hemden hingen im Schrank und zwei Hosen, eine beige Hose fürs Frühjahr, eine Thermohose für die Jahresenden. Wo sind die Toten?, sagte ich. Sie weichen vor dem unbekannten Besucher, sagte er. Es waren also scheue, höfliche Geister, die in Ritzen und Fugen ausharrten, bis der alte Mann die Tür schloss und die Kette vorhängte.

Herr S. geriet in böse Gesellschaft nach dem Tod seiner Frau. Er dachte damals: Was soll ich das letzte Glas stehenlassen, wenn ich nicht gescheiter werden will? Am besten, ich tu mich in Zechgelagen hervor, denn bald verschwinde auch ich. Er trank immer zwei Schnäpse zuviel. Bis er umfiel, bis er einen Schrittmacher bekam: Das Gerät, tief in seinem Fleisch eingegraben, ängstigte ihn. Manchmal zirpte es in seiner Brust, und er stieg eilig die Treppen hinunter, er schloss im Dunkeln die Kellertür auf, er ließ das Licht der Taschenlampe über die Kisten wandern, in denen er die Kleider seiner verstorbenen Frau verwahrte. Sie waren ihm heilig, ihre Blusen und Röcke, ihre Jacken und Mäntel.

Und die Toten, wo sind die Toten?, sagte ich. Waren sie der herab gehende Staub, der fast unsichtbare Niederschlag, das Rieseln hinter den Tapeten? Waren sie das Klirren der Flaschen, wenn ein Laster über die Kreuzung donnerte? Eines Abends war er munter geworden, er führte ein Tänzchen auf wie ein Zirkusbär, da fiel er auf den Hosenboden und brach sich aber wie durch ein Wunder keine Knochen. Er hörte Gelächter und Gewisper, das waren die Toten. Sie quollen immer in den Augenblicken der milden Verzweiflung aus seinem Kopf. Sie trieben ihre Späße, sie zerrten an seinen Hosenbeinen, dass er davon kalte Waden bekam. Sie kauerten sich zu kleinen Schatten zusammen in den uneinsehbaren Winkeln des Zimmers, ihr Hohngelächter trieb ihn ins Freie, vor allem an den Sonntagen. Dann lief er in hüftknickenden Schritten zum Bahnhof, nahm auf der Terrasse eines Kaffeehauses Platz, man kannte und duldete ihn, an guten Tagen wurde er mit einem Becher Tee beschenkt.

Herr S. beschaute die Menschen: Die Pendler, die zur Urlaubsreise aufbrechenden Familien, die wilden Mädchen mit Metallringen im Gesicht, die streunenden Irren, die von Licht und Lärm angezogen wurden. Er beschaute auch die jungen Fremden, die aus dem fernen Arabien hergekommen waren. Sie waren den Feuern entronnen. Sie sahen aus, als hätten sie die Asche frisch aus ihren Haaren gewaschen.

Er kam mit einem Syrer ins Gespräch, der leidlich Deutsch konnte, er fragte: Glauben du und deinesgleichen, dass wir uns hier wüsten Amüsements hingeben? Dass sich jede deutsche Frau ein goldenes Krönchen aufsetzt? Dass jeder Deutsche ein Schweizer Konto hat? Der Syrer bat ihn, in verständlichen Worten zu sprechen, und als er die Provokation begriff, sagte er schlicht: Ich esse Brot, ich trinke Wasser, ich blute, wenn man mich sticht, so hat mich Gott geschaffen.

Diese klingenden Worte brachten Herrn S. auf, er wollte nicht belehrt werden von einem, der Land und Leute und seine Toten nicht kannte. Sie stritten sich, sie stritten sich an den folgenden Tagen. Denn der Arme heiligt nicht den Hunger seines Nächsten. Herr S. blühte auf im Widerspruch, er erklärte, dass es nicht von feinen Manieren zeugte, wenn man aus der Untertasse trank. Der Syrer wies ihn darauf hin, dass der deutsche Herr sich schlecht benahm, weil er ihn laut tadelte. Sie sprachen heftig über arabische und deutsche Sitten, sie machten sich miteinander bekannt.

Tatsächlich hatte man dem jungen Syrer Fabeln erzählt: Die Hunde, so glaubte er, fraßen aus teuren Porzellannäpfen; die Männer eines deutschen Stammes im Süden trugen Eichhörnchenschwänze an grünen Filzhüten; der Handschlag mit anschließendem Wangenkuss galt in Deutschland als grober Verstoß gegen die Etikette und das Reinlichkeitsgebot. Herr S. klärte ihn auf und wurde selber aufgeklärt: Die Muselmanen trugen keine Turbane, weil sie an kreisrundem Haarausfall litten; die Syrer waren nicht geschickt worden, um das Land mit Heidentempeln zu überziehen; die Syrer hielten sich keinen Harem mit vier Stammfrauen und vierzig Mätressen.

Ich hörte oft zu, ich aber beteiligte mich nicht an dem Kulturkrieg, den sie am Tisch austrugen. Sie wuchsen in ihrer Erregung zusammen, keiner der beiden Männer hätte es zugegeben. Herr S. nannte den Bahnhof Klein-Damaskus. Der Syrer schenkte ihm den Gehstock seines Großvaters selig. Sie stritten sich wieder, weil Herr S. das geschnitzte Gotteslob am Stock für einen üblen Schadenszauber hielt. Später zeigte er den Stock mit Stolz vor: dem Metzger, dem polnischen Ehepaar, das die Mangelstube führte, den persischen Schwestern im Frisiersalon.

Ich verstand: Die Toten waren nicht begrabene Gedanken. Heilig war das Gegenteil von Nichtigkeit.

Der Rentner, ein in kleine Ideen versponnener Mann, verfügte über ein Tagesgeld von ein paar Groschen. Er las nur dann, wenn er geknüllte Zeitungen in Mülleimern fand. Einmal in der Woche kaufte er zwei Butterkuchen vom Vortag. Er machte selten Licht zu Hause. Er sprach jede Nacht, da er unter der Bettdecke lag, mit seiner Frau. Er war nicht besonders gläubig, und doch glaubte er, dass das Seelenlicht nicht verlosch. Vor Jahren hatte ein Mann ihm zugerufen: Du bist eine Mücke, die in den Fluss pisst! Herr S. neigte nicht zu Kraftausdrücken, deshalb übersetzte er die Worte in seine Worte: Ich bin einer, der mit der Nadel rudert. Er war ein Niemand, der Löcher ins Nichts starrte, auf dass ihn niemals etwas zum Glühen brachte.

Nun ging er an diesem Stock mit den fremden Zeichen und Ziffern. Im Keller, vor den verstauten Kleidern seiner Frau, stützte er sich auf diesen Stock. An düsteren Abenden machte er Luftstöße und klopfte mit dem Stock auf den Linolboden. Der Syrer warf ihm Verstocktheit vor, Herr S. unterstellte ihm Heideneifer. Sein Sohn hatte nach dem Tod der Mutter mit ihm gebrochen. Er musste nicht fürchten, dass der Vater ihn enterbte, Herr S. lebte von Krumen und Resten.

Am Tag meines letzten Besuchs ließ er mich in die Papiertüte schauen und die Brötchen zählen. Sieben Stück, sagte ich. Der junge Mann, mit dem ich mich streite, hat sie mir geschenkt, sagte er, er will mich bestimmt nicht bestechen. Der Syrer baute die Stände des Weihnachtsmarkts auf, er verdiente weniger als der Rentner. Sieben Brötchen, ein Gehstock. Wollte der Syrer beschenkt werden?

Herr S. besaß nur schadhaftes Werkzeug, mit dem Fäustel konnte man keinen Nagel gerade ins Holz klopfen. Arme Leute sind in ihrem eigenen Hause nicht daheim. Der Alte und der Junge, sie kamen mit ihrem halben Leben nicht wirklich zurecht, es blieb ihnen aber nichts anderes übrig. Und die Toten?, sagte ich. Er erzählte: Sie schweigen. Und weil sie still sind, kann ich mich erinnern. Ich habe mich erinnert an eine Kindergeschichte: Ein Mann, der irgendwann nur noch sieben gekräuselte Haare auf dem Kopf hat. Er kämmt sie mal zur Seite, mal nach hinten, mit einem feuchten Kamm. Sie richten sich aber bald wieder auf. Er zwirbelt sie zu einer dünnen Locke und drückt sie auf den Kopf. Dann erscheint ihm der Teufel, der versprich ihm eine Löwenmähne, wenn er seine Seele verkauft. Der Mann verjagt ihn mit dem Vaterunser, zupft dem weichenden Teufel aber ein Haar ab. Was soll er damit tun? Verbrennen? Tief in der Erde vergraben? Er darf nichts annehmen vom alten Feind. Das Haar ist Kriegsbeute. Also legt er es aufs Kissen und schläft darauf. Als er morgens aufwacht, entdeckt er, dass ihm die sieben Haare ausgefallen sind. Ist das nicht eine blöde Geschichte? Ja, sage ich, das ist die Geschichte von einem Haarausfall, mit dem man nur blöde Kinder erschrecken kann.

Und ich ging zu der jungen Frau, die paar fuffzig in der Stunde bekam, sie saß an der Kasse des Discounters und zog Brot, Käse, Joghurt, Obst und die Angebote der Woche über den Strichcode-Leser. Oft musste sie anpacken im Lager bei der Warenannahme, Kartons auf die Paletten wuchten, Dosen in die Regale stellen. Der Chef hatte ihr nahegelegt, keine falschen Wimpern auf die Lidkanten zu kleben: Das verwirrte die Ehemänner, die jedes Jahr auf die Herbstbelebung setzten; die von einem Feuer träumten, wenn sie am Frühstückstisch vorgaben, in der Zeitung zu lesen. Alles Geschwätz, alles Mist.

Saskia an der Kasse glaubte nicht an den goldenen Augenblick. Sie dachte: Zermürbung ist ausgeschlossen, ich muss arbeiten, keine Lust auf Tändeleien. Sie lebte eine gemäßigte Keuschheit. Ihr letzter Freund wollte mehr als nur Küsse und Umarmung, sie jagte ihn davon. Sie lockte nicht, und sie wurde nicht gelockt. Ich war ein Bekannter ihres ehemaligen Liebhabers. Ihre Tugend geriet nicht in Gefahr, wenn sie sich mit mir unterhielt, denn ich hielt nicht Ausschau nach jungen Frauen. Den backenbärtigen Rüpeln des Viertels ging sie aus dem Weg. Sie sahen aus wie ungeschickte Messerwerfer.

Saskia war naturblond, sie hatte keine Lust, angeschmachtet zu werden, und also ließ sie sich die Haare dunkelbraun färben. Der Chef war entsetzt, er hatte von ihr doch keine Verhässlichung verlangt. Sie sagte: Ich bin keine Frau, die auf Hütchen, Tütchen, Täschchen steht. Der Junge, der wieder mit ihr zusammen leben wollte, bat mich darum, einen Liebesbrief in fehlerfreiem Deutsch zu verfassen. Ich lehnte ab, es wäre einer unstatthaften Berührung gleichgekommen. Er fand einen anderen Briefeschreiber, einen pensionierten Lehrer, den die romantische Intrige entzückte.

Saskia ließ mich auf die Seele meiner Großmutter schwören, dass ich ihrem Bekannten nicht heimlich Deutschunterricht gab. Ihr Ohrknorpel war voller kleiner Löcher, sie hatte die Silberknöpfe entfernt, es hatte dazu keines strengen Verweises ihres Chefs bedurft. In dem Brief versprach der Junge ihr Platinschmuck und transparente Sommerkleider. Sie sagte: Wenn mein Bruder das wüsste, würde er ihm die Zähne ausschlagen. Sie sagte ihm das in Anwesenheit seiner Freunde. Der Selbstekel der Männer ging sie nichts an. Sie überzeugte sich davon, dass ich mich nicht für den Jungen eingesetzt hatte, dann erst fasste sie Vertrauen und bat um Buchempfehlungen.

Ich empfahl ihr drei Bücher, die sie nach den ersten Seiten zuklappte. Die poetische Übermalung lag ihr nicht. Plastik, Polyester, Discounttextil der Unterschicht, mehr war nicht zu wollen mit dem bisschen Krötengeld, das sie verdiente. Vater tot, Mutter dement im Pflegeheim, Bruder untauglich fürs Leben: Er kämpfte auf der Seite der Russlanddeutschen in der Plattenbausiedlung. Wovon träumte er? Von einem Bündel Hunderteuroscheinen zwischen den Schenkeln einer Goldspange; von harten Kerlen, die er an Knotenpunkten postierte, auf dass sie den Feind ausspähten; von einer Tschetschenin, die ihm vier Söhne und zwei Töchter gebar. Wovon träumte sie? Saskia sagte: Womit man umgeht, das hängt einem an.

Träume waren etwas für fallsüchtige Männer, die den Stein im Schuh verschwiegen; die sich wundliefen in dem Wahnglauben, dass sie durch festen Tritt den Stein zermahlten. Das war eine Geisteskrankheit, dafür fühlte Saskia sich nicht zuständig. Wieso war sie gemäßigt keusch? Sie hob sich nicht für die große Liebe auf, sie gab nichts auf Herzrasen und glühende Brust. Der pensionierte Lehrer hätte seinen Stift zerbrochen, hätte er sie gekannt: Sie hasste Unterleibsgeschichten. Der Junge, den sie nur küssen wollte, fühlte sich entmannt, als sie ihm jede weitere Aufdringlichkeit verbot. Sie bändigte seine Hände, und er hasste es, seine Hände auf ihre Schultern zu legen, damit sie nicht zurückwich. Er sagte: Ich starrte auf meine Hände, sie sahen aus wie zwei Hamster, die an ihrem Hals schnüffelten. Es war für ihn wochenlang unmöglich, das Liebesende zu verschmerzen.

Was ging es sie an? Seine Schmerzensschreie blieben unerhört. Ein liebender Geck war ein rasender Idiot. Von ihrer Mutter hatte sie gelernt: Nur impertinente Personen machen ihren Kummer öffentlich. Ihre Mutter hatte ihr beigebracht, sich in den meisten Stunden des Tages zu zügeln. Ihre Selbstbezähmung war also anerzogen. Sie musste auch einige Rechnungen ihrer Mutter bezahlen, sie ging putzen.

Dort in der fremden Wohnung, mit Genehmigung des Eigentümers, empfing sie mich. Schwarz gerahmte Grafik an den Wänden, Zeugnisse neumodischer Lebensart. Parkettboden, teure Fotobildbände in den Regalen. Saskia, streng und stabil, Putzschwamm und Scheuerlappen in den Händen, fragte zurück: Was ist für dich kostbar und unantastbar?

Ich erzählte: Ich bin ein emporgekommener Sohn der Arbeiterklasse, in den ersten Jahreszeiten meines wahren Lebens ließ ich mir eine Revoltematte wachsen. Jeder kopierte ein Idol, ich aber nahm mir keinen Sänger und keinen Aufrührer zum Vorbild. Ich hielt mich an einfache Vorgaben: Den Schuh muss man schnüren, damit er sich an den Fuß schmiegt. Ich hab' ein Maul, dem geb' ich zu essen, sonst halte ich es zu. Ich steck' meine Nase zwischen die Seiten eines Buches und nicht in anderer Leute Angelegenheiten.

Ich verkam zum Musterknaben und jagte die Richtlinien zum Teufel. Ich hielt mich aus dem meisten Mist heraus. Den Rebellen verging die Feierlaune, sie wurden wegen Drogen oder Übergewicht manisch und verrückt. Ich begriff: Die Gottesstille ist mir unbegreiflich und deshalb kostbar. Mir ist es zuwider, wenn Proleten oder gebildete Hanswurste die Heiligkeit verlachen. Lärm und Lautheit sind Symptome einer fortgeschrittenen Dämlichkeit…

Saskia bat mich zu gehen, philosophierende Männer waren ihr ein Gräuel. Auf dem Heimweg schämte ich mich zu Tode. Ich hätte mich behilflich machen sollen, ich hätte den Boden feudeln müssen.

Vier Tage später klingelte es an meiner Tür. Sie setzte sich auf die Sofakante, sie schlug sachte mit der Handkante einen Knick ins Zierkissen, sie sagte: Meine Mutter ist mir heilig, mehr musst du nicht wissen. Dann trank sie ein Glas Leitungswasser leer und verließ die Wohnung.

Liebe war das eine, Geld war das andere. Klingende Worte waren das eine, laufende Kosten waren das andere. Die einen liebten das Schaulaufen, die schnelle Verzauberung, das Glücksgefühl, das sich nach einem Kuss, nach einer Liebesnacht, nach zwei Gläsern Wein einstellte. Die anderen standen morgens auf und gingen zur schlecht bezahlten Arbeit. Sie ließen jeden stehen, der von kommenden herrlichen Tagen schwätzte; der den Glasstab rieb und an die Papierschnitzel hielt; der für den Zaubertrick mit Beifall belohnt werden wollte.

Wir lebten nicht in härteren Zeiten. Das Gerücht über den bevorstehenden Kollaps war nur ein Gerücht. Die geschundenen Frauen und Männer sprachen ein heimliches Gebet in Augenblicken der Not und der Qual, und dann machten sie das Schadhafte nutzbar. Ich schrieb über sie, ich erwählte sie zu Heldinnen und Helden meiner Romane – doch was wusste ich schon? Ich widersprach, wenn ein satter Bürger sie als Aborthalunken oder Proleten beschimpfte. Ich erregte mich über die lückenhaften Kenntnisse der Hetzer, die den Armen ihre Armut vorwarfen. Ich wusste: Nichts hatte sich geändert, es gab die einen und die anderen. Die einen hielten die Nadel hoch und sprachen: Eher geht mein Daumen durchs Öhr, als dass ein Lump zum nützlichen Menschen wird. Sie waren Meister im Anrempeln und Überrumpeln, sie liebten das neutrale Bürgerkostüm und die Denunziation. Die anderen kamen nie auf die Idee, den Daumen oder einen anderen Finger durchs Nadelöhr zu stecken.

Ich stieß in den Zeitungen auf die Artikel gewendeter und gewandelter Journalisten. Sie glichen moralisierenden Ärzten, die gerne Amputationen vornahmen. Sie schrieben über die faulen Knechte, über die sittenfremden Wilden aus dem Morgenland, sie lobten die Freiheit des unsozialen Unternehmers. Sie träumten sich zurück in die Zeit, da die Herren des Landes Recht und Richtung bestimmten. Je mehr ich las, je mehr erlernte ich die Kunst, Lügner bei einer Lüge zu ertappen.

Ich ging zu dem verarmten Dichter, der für eine Saison berühmt und schnell verloschen war, ich zählte allein im Wohnzimmer sechs kleine Matten mit Noppen an der Unterseite. Er wollte auf dem gebohnerten Holzfußboden nicht ausrutschen. Eine wüste Seele im Karbäuschen, halbverrückt, und aber nicht verwahrlost, den Scheitel schnurgerade gesetzt, weißes Festtagshemd, hinten durchgetretene Filzpantoffeln. Er sagte: Machen Sie den Eröffnungszug. Ich bin nämlich schüchtern im Umgang mit Menschen.

Ich sprach blöde von meiner Aufgabe und meinem Auftrag, dann hielt ich mitten im Satz inne. Er horchte mit geneigtem Kopf, er horchte auf Laute aus der Nachbarwohnung. Er sprach von dem jungen Liebespaar nebenan, nach jedem Liebesakt mit finalem Triumphschrei würden Murmeln über den Boden kullern. Er grübelte darüber, was sollte das, was steckte dahinter. Konnte es sein, dass die Frau auf dem Höhepunkt ihrer Lust an ihrer Perlenkette zog, die sie nicht ablegte, und dass die Kette riss und dass die Perlen auf den Dielen niedergingen wie kleine Hagelkörner?

Ich hielt das für einen abwegigen Gedanken. In manchen Nächten glaubte er, das Rätsel gelöst zu haben: Der junge Mann war ein Sammler von Glückscents, der Ordnung halber stapelte er sie zu Säulen, und wenn es ihn, nun ja, übermannte, fegte er mit einer Schaufelbewegung des rechten Arms die Münzen von der Nachtkommode. Ich sagte: Zu viele Mutmaßungen, das kann nicht stimmen. Knöpfe? Ausgeschlossen, sie machten im Aufprall Ping, es hörte sich nicht wie Kling oder das Tacktack fester Körper an. Spielfiguren? Wer stellte ein Schachbrett auf die Kommode? Doch nur Genies, die in ihren Träumen entsetzlich einfache und entsetzlich tödliche Züge entdeckten.

Der Nachbar hörte oft Rockschnulzen, also war er ein verdämlichtes Subjekt. Ich konnte dem nicht widersprechen. Ein Ring, der sich vom Finger löste? Er flüsterte: Ich werde ihnen auf die Schliche kommen.

Ich hatte mich auf diesen Besuch vorbereitet und seine Gedichte gelesen. Sie stammten aus der Zeit, als die Studentenführer den Arbeitern an den Werkstoren auflauerten, und es den Arbeitern übelnahmen, dass sie sich nicht in Straßenkämpfen blutig schlugen. Der Dichter strickte nicht an einer Lebensgeschichte der fortgesetzten Unaufrichtigkeit. Parolen galten ihm als Affenlaute der enthemmten Spießer. Nur Rüpel waren verwegen auf der Straße. Damals, in der Zeit der Banner und Transparente, blieb er zu Hause. Man sollte ihn nicht der Konspiration mit dem Feind bezichtigen. Der Dichter griff nicht zu den Geräten der modischen Gesinnung, er sprach nicht zum bebenden

Volk, er brüllte nicht ins Megafon. Die Aufwiegler verdienten gut an der Idee von der Entmachtung der Reichen. Der Dichter trat beiseite und wurde vergessen.

Er übermalte sich mit den Tarnfarben des Verdrusses. Er wartete, dass der längste Tag des Jahres anbrach; dass draußen wieder die Räder der Totenkarren knarrten. Es war ihm unmöglich, zu übertreiben, sonst hätte ihn die Woge mitgerissen. Er wurde aus Trotz zum Reaktionär, sein Wortfluss versiegte. Damals war Vergangenheit, heute war Vergangenheit, es genügte eine einzige Vergangenheitsform in der Sprache. Er flog aus dem Verlagsprogramm, und also gab er das Schreiben auf, schrittweise. Es zerfiel, er blieb am Leben. Der Dichter wurde zum Angestellten, zum arbeitslosen Schreiber, zum gemütskranken Zivilisten. Er verarmte.

Was tat er, wenn es ihn überkam? Führte er ein Tagebuch? Verlegte er sich von der Poesie auf die Prosa? Nichts von alledem. Manchmal schrieb er auf die Rückseite von Kassenzetteln einen kurzen Satz. Eine Wortgirlande, ein Nichts aus Buchstaben. Die wenigsten Dichter fanden so viele Glückscents auf den Straßen, dass sie überlebten.

Er hielt Kontakt zu einem Professor, der voller Reue an seine Zeit der Entrüstung zurückdachte. Auch mit ihm hatte der Dichter über das Geheimnis der prallenden kleinen festen Körper gesprochen. Er liebte es, seine Besucher zu verprellen, jeden Mann und jede Frau, jeden Paketausträger, der versehentlich an seine Tür klopfte. Der zänkische Greis schlug den Professor in die Flucht, der ihn über das Wesen der heutigen Dichtkunst belehren wollte. Der sich an seinem kleinen Elend satt sah. Das Weltübliche und der Flitterschmuck waren dem Dichter ein Gräuel. Er hatte einen Fuchsbuckel, wässrige Augen, seine Rückenhaare fielen aus, der Bluterguss unter dem Daumennagel wollte nicht verblassen.

Und dennoch blieb er unnachgiebig. An einem Sommertag warf er alle Erinnerungsstücke seines früheren Lebens als Poet in den Müllcontainer im Hinterhof. Wem musste er seine Tauglichkeit beweisen? Er sagte: Will ich mir den Arsch anmalen und hinausgehen? Will ich das Volk belustigen? Vielleicht weil er einmal zu viel gegrinst hatte, dachte ich: Diese Geschichte stinkt. Er tischt mir Lügen auf. Wahrscheinlich spielt nebenan ein Kind mit Zinnsoldaten, die es umwirft, wenn sie von unsichtbaren Kugeln getroffen werden. Gab es das, Stadtstreicher, die sich zur Ruhe setzten? Wenn ja, war der Dichter mit dem nordischen Vornamen einer von ihnen? Wozu dann die Maskerade? Nur seine Armut stank nicht, sie war echt. Ich sagte: Nur ihre Armut ist echt, alles andere haben sie erfunden. Er gab es sofort zu. Er sagte: Es ist ein Desaster, immer nur der zu sein, als der man angesprochen wird. Beim Abschied wollte er mir seltsamerweise in den Mantel helfen.

Zwei Tage später bekam ich einen Brief vom Dichter. Ich las die Zeilen auf dem an den Rändern leicht eingerissenen Notizzettel: Ist es für sie eine Schande, dass ich Lücken und Leere nicht fülle? Was interessiert Sie, was interessiert mich schon meine Biografie? Hoch lebe die Fabel! Rufen Sie mich an, wir vereinbaren einen zweiten Termin.

Ich lief zum Supermarkt und kaufte ein: Ein kleines Glas löslicher Kaffee, Dinkelbrot in Scheiben, Grottenkäse, Mortadella, sechs Eier, Marzipan, halbbitter ummantelt, zwei Schachteln Zigaretten seiner Lieblingsmarke, die er sich nicht leisten konnte. Saskia an der Kasse lachte auf bei meinem Anblick.

Ich klingelte bei dem Dichter und entschuldigte mich für meinen unangemeldeten Besuch. Er verschwand mit der vollen Plastiktüte in der Küche, dann steckte er sich eine Zigarette an. Er rauchte, ich rauchte, wir hatten viel gemeinsam. Er erzählte: Ich bin nicht antriebslos, aber ich bin ein sturer Hund. Weiß ich nicht, hab ich nicht, hab ich schon vergessen – mein Mantra. Meine Frau, sie verliebte sich in einen Posamenthändler und ging weg. Posament, ist Ihnen das ein Begriff? Besatzware, Schnüre, Fransen, Litzen, Borten, Quasten. Der Kerl war ein besserer Hausierer. Trotzdem. Es hat mich fast um den Verstand gebracht. Ein Vierteljahr war ich umdüstert, dann willigte ich in die Scheidung ein. Besatzware. Gut, besser als Gedichte, die keiner lesen will. Was kam danach? Arbeit in der Kräutermanufaktur. Kennen sie Pilgertrost? Rosmarinschnaps, Likör nach altem Rezept. Wurde bald entlassen. Die Jahre vergingen. Jetzt bin ich hier. Jetzt scheuche ich die Weberknechte im Bad. Vorbei. Aber – stellen Sie sich Folgendes vor: Ich drücke das Ohr gegen die Wand. Das Giraffenjunge in der Nachbarwohnung erstarrt, weil meine Bartstoppeln an der Tapete kratzen. Es drückt auch das Ohr an die Wand. Ich bekomme in dieser gekrümmten Haltung Nackenschmerzen. Das

Giraffenjunge hat es satt, den langen, schlanken Hals zu biegen. Ich gehe mich rasieren. Es schabt, da ihm die Eckzähne jucken, am Bettpfosten. Fragen Sie mich nicht, wie es die Giraffe in dieses Haus geschafft hat. Die Leute halten sich Tiere, Schlangen, Skorpione, Frettchen!

Hatte er seine Ehefrau mit diesen absonderlichen Geschichten unterhalten, und war sie eines Morgens schreiend davon gelaufen? Der milde Irrsinn eines Mannes, der Krähen im Sprühregen anstarrte. Seine Trauer verzinste sich nicht, sie blieb ihm erhalten. Ich zeigte auf die beiden vollen Schwergutsäcke. Kram und Krempel, Souvenirs aus Spanien, Italien, Portugal, Anschwemmsel, Flitterzeug. Ein Student, der gelegentlich bei ihm nach dem Rechten sah, wollte das Zeugs auf dem Flohmarkt versilbern.

Der Dichter ging in die Küche und kam mit einem Teller Kekse zurück. Er hatte jeden Keks in der Mitte gebrochen. Ich aß aus Höflichkeit zwei halbe Kekse, dann verabschiedete ich mich. Ich wünschte ihm mindestens ein Hochgefühl am Tag. Ich wünschte ihm, dass er Zeuge wurde, wie das verliebte Mädchen und der verliebte Junge eine schlaksige Giraffe an der Leine vorsichtig die Treppe herunter führten.

Dann reiste ich durchs Land, um jeden Abend in einer anderen Stadt auf der Bühne vorzulesen, ich sah die Armen der Bahnhöfe, der Bahnhofsvorplätze, die Kippengreifer, die Pfandflaschensammler, die Männer, die sich wie Erdbebenopfer verdreckte Decken auf die Schultern legten; ich sah die Frauen mit den verfilzten Locken, die alte Kinderwagen schoben, in denen sie nackte Plastikpuppen und kunsttaubesetzte Plastikrosen verwahrten. Ich traute mich nicht, sie anzusprechen aus Angst, jäh angesprungen und in die Wange gebissen zu werden. Spätnachts lag ich im Bett und hörte trotz der schalldämpfenden Stöpsel in den Ohren ihre Schreie. Quälte sie der Hunger, der kalte Entzug, die Zugluft, der sie auf den öffentlichen Plätzen ausgesetzt waren? Sie sahen aus, als würden sie ihre Knochen im Sack tragen. Unsinn. Sie sahen aus, als würden sie sich enthäuten, bevor sie in den Schlafsack krochen und sich mit Lumpen zudeckten. Auch das ist Unsinn.

Und dann aber zeigte mir der Mann, den die Säufer Kamerad nannten, das Wundmal, die blaurote Kerbe im Handteller, das blutende Loch. Ahmte er den Heiland nach? War er beim lauten Lesen eines Psalms oder der Epistel an die Korinther irre geworden? Er sagte: Die Scherbe blinkte bunt. Ich wollte sie aufheben. Ich kippte, ich stürzte. Der Sturz des Schnapsers Kamerad hatte umstehende Bürgersöhne belustigt, sie hatten ein Spottlied angestimmt. Vor skandierenden jungen Rüpeln mussten die Schnapsbrüder sich vorsehen, sie waren bissiger als Kampfköter und räudiger als Mörder.

In den frühen Morgenstunden im Winter gingen sie manchmal auf die Jagd nach Unbrauchbaren, nach unbrauchbar gewordenen Menschen. Kamerad schlief am Scherengitter vor dem Schaufenster des Juweliers, er musste seinen Platz vor Ladenöffnung räumen. Die Schweizer Angestellte namens Fiunna brachte oft Brot und Orangensaft, eine gütige Dame, der es nichts auszumachen schien, dass Kamerad nach Abluft, Gram und Gummi roch; dass er von Dackeln und Windhunden verbellt wurde. Schaulustige Touristen begafften den Obdachlosen, und schossen aber keine Erinnerungsfotos. Männer mit Ehrgefühl legten still eine große Münze vor ihn aufs Pflaster, obwohl er keine Bettlerschale hochhielt. Der Juwelier und Kamerad hatten eine Abmachung getroffen: Er durfte sich nach Ladenschluss vor dem Eingang betten, tagsüber mochte er bitteschön einen anderen Platz aufsuchen.

Ich dachte nach: Es hielt sich das Gerücht von hartleibigen Bürgern, denen es nichts ausmachte, dass ihr Nächster hungerte und fror. Das war eine Lüge. Überall, in allen deutschen Städten, stieß ich auf gütige Frauen und Männer. Es gehörte zum guten Ton in manchen kneipenradikalen Kreisen, sie zu verunglimpfen. Der Juwelier gab den Zehnten, weil er an die bestimmungsgemäße Verwendung des Geldes und der Teilbeträge glaubte. Er sagte: Die neuen Geldscheine sind fälschungssicher. Schlecht für die Polizei, weil darauf keine Fingerabdrücke haften. Gut für die Polizei, weil sie fälschungssicher sind.

Zurück zum Wundmal an Kamerads Hand, es wollte nicht verheilen. Biss er im Schlaf den Schorf ab? Kratzte er aus fehlgeleitetem Glauben an der Wunde, die der Apotheker gesäubert und verbunden hatte? Der runde Blutfleck im Mull gab Bürgern und Brüdern Rätsel auf.

Ich reise in bayrische und österreichische Kleinstädte, ich reise nach Berlin, nach Neuruppin und Dresden, ich wurde mal gelobt und mal gescholten, eine Professorin warf mir wegen eines Missverständnisses Unredlichkeit vor. Am Ende einer jeden Lesung waren die einen besänftigt, die anderen bestürzt. Ich wurde von besorgten Damen ermahnt, länger zu schlafen und weniger zu rauchen, sonst würden meine Tränensäcke blauviolett anlaufen.

Einige Wochen später traf ich Kamerad wieder, er hielt mir die Hand vor, die Wunde war verheilt und zu einem Knoten verhärtet. Was hatte sich noch geändert? Er sagte: Die Slawen sind da, wir kommen miteinander aus. Er führte mich zu vier Schnapsern, rüde Gesellen aus dem östlichen Hinterland, zerschrammt und verquollen, die gefütterten Holzfällerhemden unterm Kehlkopf zugeknöpft und in die Hose gesteckt. Harrten sie hier aus, bis die Schneeschmelze im Osten einsetzte? Sie kamen aus einem Land, in dem Krieg geführt wurde, deshalb suchten sie mit den Augen die Dächer und Kirchtürme nach verborgenen Heckenschützen ab. Sie argwöhnten, dass mich das Passamt oder die Behörde für osteuropäische Angelegenheiten geschickt hatte. Ich war kein Kundschafter, ich konnte aber ihre Zweifel nicht zerstreuen. Waren es fahnenflüchtige Soldaten? Hatten sie vor wild ballernden Freischärlern Reißaus genommen?

Die Slawen starrten auf Kamerads Mund in Erwartung einer Prophezeiung, in Erwartung kleiner Flammen, die aus seinen Fingerspitzen schossen. Er sollte endlich das Wunder vollbringen, dass sie das Kreuz der Orthodoxen schlugen. Ich sagte: „Haben sie dich zum Heiligen auserkoren?" Kamerad verwies auf den Apotheker, der ihm im Beisein der Slawen folgendes erklärt hatte: „Die Römer haben die Aufrührer an den Füßen und an den Handgelenken ans Holz genagelt. Die falschen Heiligen erkennt man daran, dass sie ihre blutenden Hände zeigen. Das sind die Stigmalügner. Du bist einfach auf eine Scherbe gefallen!" Die blinkende Scherbe. Die blutende Scherbe. Im Traum sah ich rote Splitter an den Ästen mannshoher Bäume reifen. Er sagte: Das geht mir auf den Zopf. Hat Gott mir jetzt eine reingepflastert?

Ich traf mich mit einem frisch verheirateten Bekannten, der mir Vorhaltungen machte, weil ich eine derart feste Bindung mied. Die Ehe war heilig, ich sollte es zugeben. Da schon wieder dieses Wort. Ich fragte ihn nach Kamerad aus, er wurde heftig: „Der Mann ist weltberühmt in dieser Stadt. Ein irrer Bettler. Man sollte ihn entlausen und zur Arbeit zwingen. Weshalb hilft man einem, der sich selbst nicht zu helfen weiß?"

Ich floh vor diesem Kindskerl, der Festigkeit mit Lebensechtheit verwechselte, ich kehrte zu meinen Seelenverwandten zurück. Sie standen vor dem Kaufhaus und aßen den Christstollen, den ihnen Frau Fiunna geschenkt hatte. Sie sahen im Regen aus wie verwischte Satzzeichen, wie halbherzig markierte Stellen im Buch.

Kamerads Ähnlichkeit mit einem fiebernden Gottesliebling schwand. Er kehrte zurück in seine alten Tage. Kein sanfter Bürger musste ihn trösten, ihm heißen Kräutersud einflößen. Oft rieb er sich mit den Fäustlingen die Schläfen. Oft sprach er mit den Slawen in einem abgehackten Wanderpilgerdeutsch über die Schneeschmelze im Osten. Ich wurde als halbirrer Schreiber geduldet, ich bekam eine Scheibe vom Stollen. Sie nannten mich den Hotelberber, weil ich ein warmes Zimmer in einer Pension bezogen hatte.

Wir heuchelten nicht: Ich war auf der anderen Seite, ich passierte die Grenze, hielt mich für Stunden auf ihrer Seite auf. Armut war kein Spaß und kein Freizeitvergnügen, ich blieb unverkleidet und unmaskiert. Die blinkende Scherbe, die blutende Scherbe, ich begann davon zu träumen. Was hatte ich erwartet? Selig seid ihr Armen, denn das Reich Gottes ist euer – Heilands Worte. Selbstmörderische Worte. Wer sie ernst nahm, kam nicht ungeschoren davon. Wer die Knechtschaft verwarf, zerfiel. Es zerfiel die Welt, es zerfielen die Prunkhäuser und die goldenen Wasserhähne, es zerfielen die Millionen im Tresor, es zerfiel die zweitausend Euro teure Handtasche, es zerfiel der Goldring, den man zum Küssen hinhielt. Alles, was diese Welt zusammenhielt, brach entzwei. Das Ende der Dauerausstellung, das war das Weltende.

Am Morgen des vierten Tages entschloss ich mich zur Abreise. Ich fand Kamerad und die Slawen am Sockel des Denkmals zum Ruhme eines hochgestellten Mannes. Sie zupften an Decken auf ihren Schultern und Beinen. Sie starrten auf eine Puderquaste, die im Rinnstein lag. Einer Frau war sie aus der Hand gefallen, sie hatten es zufällig gesehen. Tauben pickten in die Quaste, junge Araber schauten verblüfft zu. Müde Gelenke, müdes Fleisch, sie waren zu Tode erschöpft, und doch gab mir jeder zum Abschied die Hand.

All die ungeheuren Verluste, dachte ich und lief mit dem Rollkoffer in Richtung Bahnhof. Später im Zug stieß ich in einem Gedicht auf die Worte: Puderquaste und Knoten. Ich war nicht verblüfft.

Zu Hause riss ich die mir von der Zeitungsredaktion zugesandten Leserbriefe auf: Ich wurde ermahnt und getadelt. Man warf mir vor, keine gute Kinderstube genossen zu haben. Man war ungehalten über meine Unanständigkeit. Man nannte mich einen Quartalsirren, den Metzger aus dem Morgenland, den Bürgerschreck, einen Affen auf dem Schleifstein. Es bedurfte keines großen Übermuts, mit ungeschliffenem Maul zu sprechen. Natürlich fühlte ich mich verkannt und musste darüber lachen.

Ein Arzt aus einer norddeutschen Kleinstadt schrieb: Ich missbillige den Unflat in ihren Geschichten. Sie sind ein Vatermörder, schlagen sie nach bei Freud. Außerdem haben sie die Avantgarde verschlafen!

Ich verstand nicht so recht, was er mir vorwarf, aber ich dachte über die Avantgardisten nach. Sie hatten jede Heiligkeit nur als Seelenseufzer des bedrängten Geschöpfs bezeichnet. Die Bücher der Radikalen, der Nihilisten, der Meister der Obszönität waren eine einzige Kampfansage an den Bürger, der Benehmen, Benimm und Magie über alles setzte. War es falsch zu fragen: In wessen Händen liegt die Macht zu entscheiden, wer im geweihten Gottesacker liegen darf? Wer im Fegefeuer ewig brennt? Die Vaterländler, die Moralisten, die Philosophen der Sittlichkeit, sie stürzen diese Welt ins Verderben. Diese Welt sollte brennen, und in den Flammen der mitleidlose Übermensch auferstehen. Die Lügen zerfielen wie geballter Sand. Und heute? Es war gut, nüchtern und kalt zu sein, wenn die Lügner peitschten und hetzten. Es war aber auch gut, auf die Volksbekämpfungsvokabeln der Avantgarde zu verzichten.

Ich ging zum Kommunisten, der am Ostufer meiner Stadt als erloschener Mann lebte, er wohnte in einem Haus voller alter türkischer Männer, es waren Arbeiter der ersten Welle, sie hatten in Montagehallen Nacken, Rücken und Steiß zerborsten, der Schmerz gehörte seit Jahrzehnten zu ihrem Leben. Sie nannten ihn den Roten, sie nannten ihn Lenin oder den Russen oder einfach nur Bolschewik. Immer im November, da man sich zum Jahresende Konsolidierung ersehnte, klopften die Männer an seine Tür. Sie brachten hausgemachte süße Teigtaschen mit Nussrosinenfüllung, oder sirupgetränkte Teigbällchen. Der Rote bat sie dankend herein, sie wollten aber nicht eintreten in die Höhle des leicht entflammbaren Klassenkämpfers. Herr T. sagte: „Ein falsches Wort, und er starrt dir mitten ins Gesicht. Er will dir nämlich die Nase abbeißen." Herr A., der Betreiber eines kleinen Kaffeehauses, sagte: „Ein tückisches Wiesel. Gutherzig. Die Haare hängen ihm herunter wie ausgeleierte Nylonbänder, er sollte unbedingt zum Friseur. Sieh dich vor. Enthalte dich des Urteils über das gottlose Sowjetreich. Wenn er dich nach deiner Lieblingsfarbe fragt, schweige still."

Dann saß ich auch schon auf einem Kunstledersofa in seiner Armesünderwohnung, an den Wänden hingen die Banner des untergegangenen Imperiums, ich musste an den Rentner, Herrn S., und seine Toten denken. Dies war eine Reliquienkammer. Statt Splittern vom Kreuz bewahrte er magische Kriegsfahnen auf. Kein falsches Wort. Ich wurde aufgefordert, mein Verhältnis zu Jesus in klaren Worten zu beschreiben – weshalb hatte mich ausgerechnet ein Bibelsprüchlein veranlasst, die Nähe der Entrechteten zu suchen? Gehörte auch ich zu den Abergläubischen, die den Pfaffen am Zipfel hingen?

Ich sagte: „Wir sind nicht bei einer Gewissensprüfung. Ich bitte um einen freundlicheren Ton." Wir tranken schweigend Leitungswasser aus Werbebechern. Ich hielt Jesus nicht für einen von vielen Wanderpredigern. Ich glaubte an seine schöne Seele. Ich war dankbar für jeden Aufruf zur Armenspeisung. Ich glaubte nicht an die Fabel von der Gleichheit der Menschen: Die einen hatten Besitz, die anderen hatten fast nichts. Er unterbrach mich, er wollte nicht in den Himmel, also brauchte er auch keine Predigt. Er buhlte nicht um Herrengunst, also sollte ich ihn verschonen mit Schwulst und wolkigen Versen, mit Pfaffenlatein säuselnder Hirten, die Lämmer weiden ließen, bis man sie schlachtete…

Die Herren T. und A. hatten recht, der Rote war in seinem Zorn furios, er kannte in seiner Kritik keine Gnade. Ich war kurz versucht, das Wasserglas gegen die Wand zu schleudern, die Angst um meine Nase hielt mich zurück. Hielt er sich für einen Vatermörder, für die Guillotine der Revolution? Er sprach eine halbe Stunde auf mich ein, die Haarsträhnen wippten, wenn er seinen Gedankengang mit knappen Gebärden untermalte. Seine Worte bissen und schnitten, bis er nur noch gestanzte Sätze knurrte.

Als er Stalin pries, kochte ich über. Es hatten viele Dichter den Menschenschlächter besungen. Noch immer hatte sein Name für die Stubenradikalen einen guten Klang. Ich wurde zur bellenden Bestie, ich schäumte für die gute Sache. Der Rote trotzte mit Zauberformeln dem Verdruss. Er glaubte, besiegt worden zu sein, die Geschichte oder der Weltgeist oder ein großer Stein war über ihn hinweg gerollt. Er lebte in der gedehnten Gegenwart, Götzen und Gerümpel überall, Gipsbüsten, Bücher zur Volkserziehung, Orden am Band vom Trödelmarkt. Welterkennungswahn. Hatte er so wenig Spielraum, dass er an einer abwegigen Idee festfror? Er dekorierte sein Leben mit Dogmen, eine Verständigung war nicht möglich, ich wünschte ihm einen guten Tag.

Herr A. bat mich in sein Kaffeehaus, in dem Rentner auf Plastikhockern saßen und auf den Fernseher starrten. Sie atmeten durch den Mund und schlürften gelegentlich an ihrem Zitronentee.

Alles arme Leute, dachte ich, sie lieben Seifenopern, sie lieben Geschichten von Habenichtsen vom Lande, die in die Stadt ziehen und der Verderbtheit der Städter widerstehen. Ein Mann, der beim Sprechen durch die Zahnlücke pfiff, erzählte: „Der Rote hat dich in die Flucht geschlagen, das ist keine Schande. Wir tun ihm gut, er tut uns gut. Er bringt uns seltsame deutsche Worte bei: Weltrevolution, Enteignung, alle Räder stehen still. Wir hüten uns davor, sie zu benutzen. So ist es, so ist er, so sind wir."

Kaum hatte er ausgesprochen, da trat auch schon Bolschewik ein. Wir tranken einen Versöhnungstee, er setzte zu einer Erklärung an: „Dieser Prophet Jesus, von dem du so viel zu halten scheinst…, ich habe nichts gegen diesen Mann. Vielleicht war er nur ein Diener seines Stammes. Vielleicht zählte er zu den Auserwählten. Er lehrte den Frieden. Die Priester, die sich auf ihn bezogen, riefen auf zum Gemetzel. Ich scheide das eine vom anderen."

Ich fragte ihn, ob ihm was fehle. Er stand wortlos auf, ich folgte ihm ins Freie, ich folgte ihm durch die Gassen, bis er vor einer Sonderpostenkiste stehenblieb. Ich kaufte ihm vier Paar Wollsocken und eine Packung Magnesiumtabletten. Er vergalt es mir mit einer angelaufenen Münze aus der ehemaligen Volksrepublik Mongolei.

Später legte ich die Münze in ein Glas Seifenwasser, rieb sie nach einer Stunde sauber. Bild und Schrift waren abgenutzt, ich konnte fast nichts erkennen. Ich dachte darüber nach und schrieb eine kleine Erzählung über einen Geldschein, der an einem heißen Sommertag ein dutzend Male den Besitzer wechselte. Sie wurde tatsächlich vom Kulturredakteur angenommen und in der Zeitung abgedruckt. Der Rote hatte mich reich beschenkt.

Ich suchte ihn auf, erzählte von meinem Glücksfall und bot ihm an, das Honorar mit ihm zu teilen. Er wertete es als Bestechungsversuch, diesmal schäumte er für eine gute Sache. Im Zorn zerknüllte er einen Werbezettel, und während der sich langsam entknüllte, dachte ich über die zwei Eheringe an seinem Finger nach. Sie hatten seiner Mutter und seinem Vater gehört, zwei echte, nicht eingebildete Tote, keine unbegrabenen Gedanken aus Staub, Dunst und verblinzelten Augenblicken. Beim Händewaschen musste Bolschewik die Ringe abstreifen, er wurde oft an die Toten erinnert. Ich nahm mein Angebot ob seiner heftigen Kritik zurück. Eine weitere Begegnung würde es von ihm aus nicht so schnell geben.

Man hielt die Armen für die minderen Niederen und unterschätzte sie: Es verlangte eine gute Kondition, am Leben zu bleiben, ohne die Tage zu zählen. Wollsocken hielten die Füße warm. Es war unmöglich, mit der Nadel zu rudern. Hütchen, Tütchen, Täschchen vertrieben nicht die Unlust. Auf Matten mit noppenbesetzter Unterseite konnte man stehen, ohne zu schwanken. Der Schorf fiel ab, man musste ihn nicht abbeißen von der verheilenden Wunde.

Ich zog mir ein frisches Hemd an. Ich putzte die Stiefel. Ich ging zum Bäcker und kaufte vier Stücke Sahnetorte. Die verwitwete alte Dame, die ich besuchen wollte, hatte um Kuchen gebeten, der auf der Zunge zerging.

# Der Rest ergibt sich

Der Stiefbruder des toten Flüchtlings im Meer wohnt bei mir um die Ecke: Ein bleicher schwarzer Mann im Jackett vom Roten Kreuz. Er wird ausbleichen vor Kummer. Wer tröstet ihn? Gute Deutsche, von denen es im Viertel wimmelt. Sie kneten ihm die Schulterpolster in die rechte Form, sie streichen ihm die Wange heiß, sie bringen ofenwarmen Kuchen und frisch gebrauten Kaffee in der Thermoskanne.

Wer möchte schon Volk aus Afrika und aus den zerschossenen Gebieten unten im Osten in der Nachbarschaft dulden? Die Deutschen tun's, hier bei uns. Sie päppeln sie auf, die Fremdgesichtigen, die Deutschen von morgen. Doch das ist nicht wichtig, wichtig ist: Der trauernde Mann, er kam mit Frau und werdendem Kind im Bauch, man nannte sie im Auffanglager Ebola-Araber, türkenähnliches Gesocks, Viertelmenschen.

Die alte Dame kneift ihm den Oberarm blau, sie meint es gut, sie schenkt seiner Frau Lakritzschnecken oder Butterkuchen vom Vortag, sie hat wenig Geld, Rente reicht nur bis Monatsmitte. Alte Dame mit Loch im schlappen Filzhut hat ein christliches Herz, der Neue ist Moslem, das hat sich herumgesprochen, was kümmert es die Leute.

Sein Menschenfresser-Akzent erheitert den Schuster, der ihm neue Sohlen am Schuhrand festgenäht hat. Anfangs hat er vor der Fellachenflut gewarnt, an die Spitze einer Bürgerwehr wollte er sich aber nicht stellen. In der Kneipe der weinroten Nasen hat der Schuster mitten im Schluck innegehalten, er hat zu den forschen Freunden gesagt: Wer sucht uns heim? Schweinepriester mit Menschenmaske? Heute zehn, morgen hundert, ein Muselman kommt selten allein... Die wahren Schweine, sie riefen: Wegen dem volksfremden Geschmeiß müssen wir hungern... Genitiv können die nicht, die Arieragitation widerte den Schuster an, er klopfte und schnitt in seiner Werkstatt, er wartete ab.

Da kam der Neue, da kam seine hübsche Kindsfrau, schöne schwarze Menschen, Einzug der fremden Sitte, Hauptsache keine Moschee, der Rest ergibt sich. Der Flüchtling ist ein Mustermann. Jedem wird sein Platz zugewiesen: Der eine kommt in den Plattenbau, der andere wechselt von der Lehmhütte nach langem Lauf in den mitteleuropäischen Zwei-Zimmer-Verhau. Massaker überlebt, Dank den Deutschen, sagt der Neue.

Junge Anarchisten wollen ihm ein anderes Benehmen beibringen. Sie mahnen an: Widerstehe der Verlockung, sei nicht so scheißfreundlich, misstraue unserem Volk! Der Flüchtling bietet an, die Knielöcher in ihren Jeans zu vernähen, selbstverständlich kostenlos, der schwarze Block fühlt sich verarscht. Butterkuchen ist kulinarischer Imperialismus, was frisst der Neue die Gnadengaben, er soll den Bürgern die Brocken vor die Füße spucken. Das tut er nicht, die deutschen Bürger haben ihn doch aufgenommen. Es fragen sich die Punker des Viertels: Wo bleibt die Negerwildheit? Der Charakter des Neuen ist zu Mus zerstampft. Hauptsache keine Moschee, der Rest ergibt sich…

Ich frage ihn nichts, er fragt mich: Ist Geld teuer, du schreibst? Ich verstehe und antworte: Harte Arbeit, ganz normal, Geld kommt. Er fragt: Papier Maske, du schreibst? Ich verstehe und antworte: Arbeit macht mich anders… Schön wesentlich wird mein Deutsch, wenn ich mit ihm spreche, immer auf der Straße, immer beim Gang zum Supermarkt, zum Friedhof, wo er die Wege harkt.

Monate später wird er Vater, er nennt den Sohn Wilhelm, die Punks flippen aus. Sie raunen: Ödes Kriechtier, gekaufter Knallkopp. Sie witzeln: Willi, der Helm. Sie meinen es nicht böse, sie strahlen ihn an, wenn sie ihm begegnen. Echter Flüchtling vor der Haustür, das macht sie im Straßenkampf glaubwürdig. Der Neue hat eine rechte Faust wie ein Vorschlaghammer, es will sich keiner mit ihm vergrüßen.

Die Welt blutet aus, wir trösten uns mit Fest und Arbeit, und Wilhelm soll mal Kinderdoktor werden. Massaker überlebt, der Rest ergibt sich.

# Sanfte Ruhe

Große Freude kommt auf beim Tod des Faschisten. Die Leute sagen: Er ist endlich in der Hölle, das ist ein großer Saal, in dem seine bleichen Kameraden, verreckt im Krieg, verreckt als Führers Soldaten, Totentänze tanzen. Dort muss der Faschist in die Mitte springen, immer wieder, und sich verbeugen vor den grinsenden Wärtern mit den Hornsprossen. Ein Sprung, dann zurück ins Glied, ein Sprung, noch einmal, keine Ermüdung, keine Erlösung, er wird springen müssen bis in alle Ewigkeit.

Ich aber besuche die Witwe, die der Wahn des Mannes in den Ehejahrzehnten durchdrang. Sie erstarrt in der Tür: Bin ich der Rächer der niederen Rassen? Will ich sie in den jenseitigen Tanzsaal befördern, dass sie trotz knackender Gelenke die Tänze der negroiden Völker üben muss? Ich spreche mein Beileid aus, sie bittet mich herein. Hat der Faschist ihr geraten, sich zu hüten vor dem Mitgefühl der Kaukasier? Dummes Zeug, sie trauert, der Sohn und die beiden Töchter trauern. Schöne Menschen, leider.

Was habe ich erwartet? Dass die Sündenschwärze des Vaters auf die Kinder abfärbt? Schäm' dich, denke ich, bleibe ernst und bleibe sanft. Der Sohn dankt mir für meine Anteilnahme, die Töchter streichen im Sitzen die Röcke glatt. Mutter, sagt der Sohn, unser Gast war auch mal ein glühender Patriot, er versteht uns, er hat kein kaltes Herz… Soll ich ihn an den Haaren ziehen? Soll ich die Grazien in den Sesseln durch eine obszöne Geste verschrecken?

Ich trinke schweigend Kaffee. Für fünfeinhalb Monate, im zweiten Halbjahr der elften Klasse, gefiel ich mir tatsächlich als national blökendes Viech. Ich las Hitlers Mein Kampf, ich las Goebbels Tagebücher, die ersten beiden Bände. Mich wärmten die Worte nicht. Die Jungs in der Klasse waren schlaffe Fußföner, die Mädchen wollten nur gute und beste Noten. Ich glaubte an die Idee der Erweckung und Erhebung. Meine halbe Sippschaft wurde von Sowjetkommunisten abgeschlachtet, ein Viertel kam beim Völkermord der Türken an den Armeniern um. Ich war ein Heimatvertriebenenenkel, der nicht zum öden Gymnasiasten verkommen wollte. Das Klassenzimmer wurde mein Schallraum, als rechtes Schwein musste ich mir die Haare nicht rot färben oder Knielöcher in die Batikjeans schneiden: Die Lumpengesinnung machte mich zum extremsten Außenseiter. Die Geschichtslehrerin schrie mich an, sie zeigte Fotos von Leichenbergen und von Verbrennungsöfen, ich stand auf und verließ das Zimmer.

Zu Hause im Bad kotzte ich meinen Mauldreck aus. Dann sagte ich meine Glaubenssätze auf: Ein Nationalist ist ein Monument der Selbstvergessenheit, Volkes gestählter Krieger. Wanke nicht! War ich in einer schlagenden Verbindung? Nein, sie nahmen keine Fremden auf. Egal. Logik ist die Sache der Rechtsradikalen nicht. Der Kommunist setzt auf Dialektik, der Faschist auf Putsch und Panik. Fünfeinhalb Monate war ich eine mit Gewölle, Schlamm und Schmutz ausgestopfte Menschenhaut.

Dann Ausstieg ohne Drama und Schauprozess. Argwohn bei Schülern und Lehrern. Sie lernten, dass ihr Hass auf mich verschwendet war. Danach schlug man mich den irren Versagern zu.

Woher wusste der trauernde Sohn von meinem Nazi-Halbjahr? Vom Freund des jüngsten Sohns des Onkels, wir machten an derselben Schule Abitur. Die Welt ist klein, die Welt ist nicht groß genug, dass man sich verschanzen könnte.

Die Witwe will keinen Neuanfang, sie bleibt im Viertel. Noch einen Kaffee? Nein danke, ich sollte gehen. Sie fragt mich nach meiner Herkunft. Türkisch-armenisch tschetschenisches Blut, jetzt bin ich deutsch. Eisiges Schweigen, nur eine Tochter kichert. Strafender Blick der Mutter, es nützt nichts, sie hält es nicht aus, sie sagt: Niemals! Ein Ausländer kann hier leben. Kann hier Geld verdienen. Kann den deutschen Pass bekommen. Wir mästen die halbe Welt, wir verlosen die Pässe unter den Negern. Aber niemals, hören Sie, niemals werden Sie und sind Sie deutsch… Mutter und Kinder strahlen, gestärkter Glaube, brennendes Herz, Ruhm und Ehre dem Vater.

Ich wünsche Ihnen einen guten Tag. Draußen denke ich: Doch, ihr Pfeifen, doch! Ruhet sanft.

# Marmorkuchen

Die alten Damen meines Viertels haben keinen Witwenbuckel. Ihre Männer gingen in Rente, im zweiten oder dritten oder fünften Jahr fielen sie tot um im Garten vor dem Schuppen, im Wohnzimmer zwischen Sessel und Beistelltisch. Ein Rentner wurde vom herabfallenden Ast erschlagen, er wagte sich im Sturm hinaus.

Tod ist nicht schön, sagt die Witwe, sie starrt auf die Kondensmilch im Sahnekännchen: Weißes Porzellan, fahlgelbe Wohlstandsmilch. Sie empfängt mich zur späten Morgenstunde, wir essen. Fleisch in Scheiben, Püree. Krieg überlebt, Politik überlebt, Arbeit überlebt. Für bisschen Geld wäscht sie Kleider anderer Leute. Arbeiterinnenhände, wenige Altersflecken, Haar hochgesteckt, stolze Dame. Ihre Tüten trägt sie allein nach Haus. Sie ist eine empfindsame Herrin. Laubschlamm an meinen Sohlen, ich zog die Stiefel vor ihrer Schwelle aus, sie duldet keinen Dreck auf der Schmutzfangmatte. Ihre polnische Mutter lehrte sie Reinlichkeit, ihr Vater Gefühlehaben ohne Bekundung und Bekenntnis.

Die Dame liest gerne. Letztes Jahr schlug sie ein Buch von mir auf, und schlug es schnell wieder zu. Tadelte ihre jüngste Tochter: Pöbeljargon, das Alphabet der Meuten, junger Männer Mauldreck – nix für sie. Nie wieder wird sie sich von der Tochter mit einem Buch beschenken lassen. Sie sagt: Junger Herr, was sind Sie doch finster! Ich sage: Ich werde noch in diesem Jahr fünfzig, jung bin ich mal gewesen…

Die alte Dame ohne Witwenbuckel hatte mich auf offener Straße angesprochen. Ich folgte ihrer Einladung, jetzt schimpft sie mit mir. Sie will sich nicht grämen, sie will nicht schaudern, sie hofft auf keine Erlösung, nicht von einem Schreiber, noch von der Nachbarin, dieser falschen Person, die wirft kirschsaftgetränkte Wattebäusche auf ihren Balkon.

Ich frage, ob ich ihre Toilette benutzen darf. Im Bad wasche ich mir das Gesicht, reibe mich mit dem gestärkten Handtuch trocken, klappe dabei aus Versehen das Oberlid um. Ich laufe aus dem Bad, furchtbarer Schmerz, sie starrt auf mein Glotzauge, zupft am Lid, alles wieder gut. Sie sagt: Sie sind schon ein bisschen blöd!

Ich will den kleinen Zwischenfall übergehen. Sie aber besteht darauf, dass ich ihr genau schildere, wie es dazu kommen konnte. Nun ja, sage ich, ich habe mich mit dem Handtuch getrocknet… Ach, ruft sie aus, ach! Das Handtuch ist also schuld? Schauen Sie sich mal im Spiegel an, Sie haben jetzt ein Auge wie ein Vampir… Sie reicht mir ihren Handspiegel, ich klappe ihn auf, nach einem flüchtigen Blick klappe ich ihn wieder zu und bedanke mich.

Ihr selbstgemachter Marmorkuchen schmeckt gut. Es klingelt an der Tür, die Frau Nachbarin hat gelauscht und stellt klar: Nein, ich werfe keine Wattebäusche auf fremder Leute Balkone. Nein, ich bin nicht das üble Terrortäntchen, als das du mich darstellst. Nein… was ist mit dem Auge des Jungen, hast du ihn geschlagen?

Dann essen wir gemeinsam den Marmorkuchen, und ich erzähle auf Wunsch von den ausbleibenden Einbrüchen im Keller des Hauses, von der hochnervösen Hündin des Masseurs, die mir hinter der Tür auflauert, um sich halbtot zu bellen. Nach einer halben Stunde werde ich entlassen, die alte Dame empfiehlt mich dem Heiland.

Auf dem Heimweg treffe ich Manni. Ich frage, wie es ihm geht. Er sagt: Arbeit zieht Arbeit nach. Ich sage: Der Bart steht dir gut. Er sagt: Kein Geld für Klingen... Norbert stellt sich dazu, er ist auf dem Weg zu einer anderen alten Dame im Viertel, der er im Haushalt hilft. Er sagt: Hast was auffe Fresse gekriegt? Ich sage: Nö. Hab' mir das Gesicht abgetrocknet, das Lid klappte um... Sie glotzen, dann gehen sie wortlos davon.

Zu Hause drücke ich einen kalten Löffel aufs Auge, bis es mich anödet. Schlagartig wird es draußen dunkel, der Sohn der Frau Hausmeisterin steigt die Treppen runter, er wird von der feinen Dame zum Abendessen erwartet.

# Hodscha Hamlets Heimatsuche

Hodscha Hamlet war ein brausender Gottesmann. Er war zu seinem Namen gekommen, weil er Kürbisse und Honigmelonen in seiner schaufelblattgroßen Hand wog, um dann den Händler mit seltsamen Worten zu verblüffen. Er sprach: „ Ich werde diese Melone noch heute Abend aufschneiden. Der Saft dieser Melone wird mir vom Kinn auf den Brustlatz tropfen, den ich mir umbinde, auf dass ich mir mein blütenweißes Hemd nicht beflecke. Was aber geschieht, wenn mich die fehlende Süße verdrießt? Nun, ich werde wütend. Ich eile morgen her, um dir die Haare vom Ohrläppchen zu rupfen!"

Hodscha Hamlet lehrte die Rechtschaffenheit: Ein Gläubiger glaubte nicht an Elfen und Moosmännchen; er glaubte nicht daran, dass man das Grab des bösen Onkels beschwere, damit er sich nicht als Wiedergänger aus der Erde erhob. Ein Gläubiger glaubte an Gott und Schluss.

Es war bekannt, dass der Hodscha ins Kaffeehaus stürmte, um die Sünder in den Nacken zu zwicken. Fragte man ihn, wie es ihm gehe, sagte er: „ Frag mich nicht. Frag dich eher, was dich bewegt, Socken in Pastelltönen zu tragen." Als er zu einer außerordentlichen Versammlung einlud, waren wir auf der Hut. Herr Hasan trug vorsichtshalber neutral weiße Rentnersocken. Ich hatte alles an silbernem Klappergeraffel abgelegt. Herr Hakan erschien frisch rasiert, vier Wattebäuschchen klebten auf seinem Gesicht. Der Nörgler der Gemeinde, ein kleinköpfiger Exil-Tadschike, hielt lieber den Mund.

Wir saßen alle im Schneidersitz in einer Hinterhofbaracke und starrten auf Hodscha Hamlet, der den Rosenkranz aus Olivenkernen in seiner Hand fixierte. Jäh ging ein Ruck durch ihn und er legte los: „Bin ich der Führer der Rotten? Sollte ich euch Schauergeschichten von Tod und Verderben erzählen, auf dass ihr seufzend die Bartenden zwirbelt? Das tue ich an diesem Tage nicht. Stattdessen frage ich euch: Wer wird im Sommer, wie jedes Jahr, ins Mutterland reisen?" Fast alle Gläubigen hoben die Hand und rissen sie sofort wieder runter. Hodscha Hamlet hatte sie übertölpelt, denn er fuhr sie grollend an: „Die deutsche Heimat ist verwaist, wenn wir ihr den Rücken kehren – ist das gerecht? Bis auf den Jungen, dessen Finger ausnahmsweise unberingt sind, bis auf den Studenten der Philosophie, der auf die Arbeitslosigkeit zusteuert, bis auf diese beiden jüngeren Männer also, deren Brust beim Anblick von leichtfüßigen Frauen zerspringt, sind wir alle Rentner. Wer von uns hat zuletzt dies unser Viertel verlassen? Ich meine nicht den Gang zur Behörde, zum Rechtsanwalt, zum Arzt. Ich meine auch nicht die heimliche Fahrt zu entlegenen Orten, wo jedem guten Moslem die Verrohung droht. Es reicht, wir müssen diesen Missstand beheben und bleiben!"

Der Hodscha beschloss Ausflüge in die rein deutsche Nachbarschaft, es herrschte Stille im Gebetsraum. Tatsächlich hatten sich zum Tag der offenen Tür zwei Obdachlose, ein missionierender Evangelist mit einem mannshohen Kantholzkreuz in den Händen und eine alte Dame eingefunden. Die Dame bat den Missionar, die Höhle der Sarazenen auszuräuchern. Später, nach einem Handkuss von Hodscha Hamlet, trank sie vier Gläser stark gesüßten Tee, und informierte sich über Hodschas Familienstand. Er war Witwer, sie frisch verwitwet, sie trafen sich einmal die Woche in der Konditorei, ich musste übersetzen.

Das alles lag ein Dreivierteljahr zurück. Es traute sich kein Gläubiger, auf die fehlgeschlagene Kampagne der neuen Offenheit hinzuweisen. Nach dem Abendgebet blieben drei Freiwillige zurück, die Hodscha Hamlet bei seinem Streifzug durch unsere deutsche Heimat begleiten wollten: Der Philosophiestudent und ich, und Herr Nureddin, der trotz Verrentung im Sultan-Markt am Käsetresen bediente. Sein Name lautete übersetzt: Licht des Glaubens. Er scheitelte sein Haar an Nacken und Schläfen und legte die Kringel auf die kahlen Stellen. Er war nicht eitel, er wollte aber nicht wegen partiellen Haarausfalls wie ein geschecktes Kalb herumlaufen. Seine Deutschkenntnisse waren passabel, auch wenn der Exil-Tadschike seinen krachenden Akzent bemeckerte.

Was hatte der Hodscha verstanden? Was sah er, wenn er durch die Gassen des Türkenviertels ging? Er sah Frauen und Männer, die sich für eine Handvoll Groschen schinden mussten. Sie machten keinen großen Wind darum, sie putzten und schleppten, ohne zu murren. Er sah aber auch verzottelte Lümmel, Prahler und junge Gecken, die er am liebsten im Genick packen wollte. In

Gruß und Gebärde pflegten sie ein ödes Mackertum. Sie wollten Gangster sein, und blieben doch nur halb alphabetisierte Genitalartisten. Sie forderten Respekt ein – wofür? Sollte man sie beklatschen, weil sie von der Reinheit schwätzten, von der reinen Jungfrau aus dem Herkunftsdorf des Vaters?

Hodscha Hamlet stürmte gelegentlich auch in die Spielotheken und donnerte wider die Sünder. „Ihr Kröten", brüllte er, „was suhlt ihr euch im Matsch! Was werft ihr Münzen in die Schlitze?! Gott verabscheut eure Verkommenheit! Ihr seid faul, der Teufel ist tätig, er ist der Henker des Geistes! Lobt Gott und die deutsche Freiheit!" Oft wollten ihn die Betreiber mit Tee und Gebäck milde stimmen. Einmal hatte der Hodscha in den Trinkrand eines Tulpenglases gebissen und eine Scherbe vor die Füße der Gecken gespuckt.

Seit diesem denkwürdigen Tag sahen sich die jungen Männer vor ihm vor. Sie glaubten, er könne ihnen die Seele aus den Nasenlöchern ziehen. Hodscha Hamlet stand in der Gunst des Herrn, wer sich ihm in den Weg stellte, wurde zerklopft und zertrampelt. Es traf nicht nur die arbeitsscheuen Flegel. Nach einer geharnischten Freitagspredigt bat der Leiter eines türkischen Heimatvereins um ein Gespräch unter vier Augen. Hodscha Hamlet brauchte keinen Übersetzer, ich sollte aber als ‚Zeuge und Sekretär' ihm beistehen. Der Leiter sagte: „Du, Hodscha, hast mich und meinesgleichen vor allen Leuten als Krähen in der Mauser verunglimpft. Weshalb nennst du mich einen Berufstürken? Ich hätte allen Grund, dich einen Barackenpriester zu nennen. Ich halte mich zurück, weil ich Sinn und Stärke in meinen Sitten finde..."

Keine fünf Minuten später floh er vor der rasenden Bestie, die er geweckt hatte. Wer das ferne Mutterland zum gelobten Land verklärte, musste sich der deutschen Heimat entfremden. Der ewig schmollende Berufstürke war für Hodscha ein Fremder, der sich aus Fabeln und Viertelwahrheiten eine falsche Welt zusammenträumte: Diese Ausländerei galt es zu befehden.

Der Vereinsfunktionär hatte nicht begriffen, dass unser Gottesmann kein herkömmlicher Priester war. Es kümmerte Hodscha Hamlet wenig, wer mit wem in wilder Ehe lebte. Die Ghettogecken missfielen ihm als Amateure der Nachahmung. Er rief den im Schneidersitz kauernden Gläubigen zu: „Die Notwendigkeit bringt die Kuh zum Kalben, das hat der Herr so eingerichtet". Er wies uns also an, Gesetz und Gebot zu unterscheiden. War es notwendig, fortzukommen vom Immergleichen? Ja. War es notwendig, sein deutsches Leben zu verdösen, um im eingebildeten Traumland zu erwachen? Nein. Es gab nur ein einziges Jenseits, im Diesseits konnte man sich, so man denn Gebrauch von seiner Vernunft machte, nur als Weltpatriot bezeichnen.

Ich galt als deutschgewordener Junge, also wurde mir aufgetragen, Momente und Monumente der Heimatlichkeit zu suchen. Ich traf mich mit dem Philosophiestudenten Süleyman am Marinehafen. Er fütterte die Krähen mit dem Pizzarand, den er in schnabelgerechte Häppchen zupfte. Er starrte mich durch die dicken Gläser des Nasenzwickergestells an und sagte: „Hodscha will Deutschland entdecken, wir folgen ihm. Vier trabende Irre in Kiel, wir werden auffallen. Sie holen uns mit Blaulicht ab."

Süleyman, der Einfachheit halber Sülo genannt, krankte an einem Gemütsleiden, die schlauen Gedanken fraßen ihn auf, sie stimmten ihn schwermütig. Was half gegen die Trübnis? Er zeichnete mit Kugelschreiber einen grinsenden Kugelkopf auf die Zigarette und steckte sie erst dann an. Das tat er auch jetzt, da die Krähen ihn umstanden und auf weitere Häppchen warteten. Dies Leben war Gewirr und Wildnis, und Sülo war ein wandernder Baum, er wünschte sich, dass ihm endlich der Wipfel grünte, und dass ihm die Wurzeln wuchsen. Ich zerstreute seine Zweifel: Nein, das war kein Feldzug Hodschas wider die Wilden, die nicht an eine Seele glaubten. Und ja, man würde uns als Pioniere rühmen.

Eine Stunde später stellten wir dem Hodscha unser Projekt der Heimatfindung auf der Terrasse eines Lokals vor, dessen Inhaber der Hodscha beharrlich als „den Rumänen vom Moor" bezeichnete. Der Mann war gebürtiger Kieler, wegen seiner tiefen Solarbräune wurde er aber dem Haufen der zwielichtigen Personen zugeschlagen. Wir einigten uns auf folgende Liste:

1. Einkauf im deutschen Supermarkt. Plausch mit dem Filialleiter. Schwätzchen mit interessierten Bürgern.

2. Längerer Aufenthalt in der Fußgängerzone am Westufer. Gespräche mit Passanten über Wind und Wetter, über Enkelkinder und das Herzbeben in der Heimat. Keine Gespräche über Burka und Beschneidung.

3. Besuch am Robbenbecken an der Fördeflaniermeile.
4. Haareschneiden beim deutschen Friseur. Herr Licht des Glaubens ist von dieser Pflicht ausgenommen.
5. Besuch bei rauchenden Rentnern vor dem Seniorendomizil. Händeschütteln. Anteilnahme heucheln, wenn die Opas vom Krieg erzählen.
6. Zwei Kindergärtnerinnen sollen über die Vorteile des frühen Spracherwerbs referieren. Sülo fasst die wesentlichen Aussagen zusammen. Zaimoglu übersetzt.

Wir blieben erst einmal sitzen: Ein Mann am Nebentisch stellte sich als Aktivist eines Vereins vor, dessen Mitglieder alle abergläubischen Praktiken bekämpften; er hätte uns als Anhänger der muselmanischen Anschauung erkannt, wir wären ihm die Antwort schuldig auf die Frage, weshalb man in der Muselmanie den Knaben einen Hautfetzen kappte.

Ich überlegte kurz und sprach zu Hodscha Hamlet: „Der Herr möchte wissen, warum die Beschneidung im Islam vorgeschrieben ist." Der Hodscha legte los: „Die Juden und Moslems sind beschnitten, weil sie das Gebot Gottes befolgen. Der Herr sieht mir aus wie ein Atheist, er soll hier bitte keinen Glaubenskrieg entfesseln. Wir kommen in Frieden. Dies ist der Beginn unserer Deutschwerdung. Sag ihm, dass ich die Krawatte an seinem Truthahnhals zerkaue, wenn er uns dabei stört."

Ich gab seine Worte in einer höflichen Fassung wieder. Der Aktivist blies sich trotzdem auf wie ein nasser Sack, er redete Lästerworte wider die Frömmler, die ihm schlaflose Nächte bereiteten. Er gehörte zu den unbedarften Bürgern unserer Zeit, die ihr Wissen aus hetzerischen Artikeln und Büchern ableiten. Wir aber waren nicht ausgezogen, um jede Kritik stumpfschnäuzig zu übergehen. Auch wenn der Blick von Hodscha Hamlet die ganze Zeit auf der Krawatte des Aktivisten ruhte, wir kamen mit ihm ins Gespräch. Es stellte sich heraus, dass sein Neffe zum Islam konvertiert war, er ging den Ultraorthodoxen in die Falle, er wurde fremder als fremd. Er brach mit allen Freunden, nannte die Frauen Teufelsbuhlen, und gelobte, nie wieder Haare und Bart scheren zu lassen. Wie konnte ein Gymnasiast mit guten Noten in der Schule so auf die schiefe Bahn geraten?

Ich dachte über die Sektenspinner nach. Vor einiger Zeit waren Männer mit Turban und Leibgewand vor der Moschee aufgetaucht, sie gingen die Gläubigen um Spenden an. Der Anführer sprach im falschen Ton eines Sittenwächters: „Gottes Gewalt wird sich entzünden in dieser Welt", rief er, „die Schläfer sind erwacht!" Seine unbeflaumten Jünger bildeten einen Menschenwall, und doch brach der Hodscha durch, packte den Mann am Kragen und spie ihm ins Auge.

Die Sektierer ließen sich nicht wieder blicken. Was machte sie in unseren Augen verhasst? Ihr rächender Eifer, ihre Auslegung der Heiligen Schrift, ihr Hass auf uns, die sie Feiertagsmuselmanen schimpften. Ein Gotteshaus war ein Haus der Heiligkeit, wir wollten nicht mit künftigen Mordbrennern in einer Reihe stehen und beten.

Das alles versuchte ich, dem Aktivisten zu erklären, er wies mich schroff zurecht. Es klang ihm zu sehr nach

Schalmeientönen eines Gauklers, der die Narren betörte. Er hatte seinen Neffen an einen altertümlichen Glauben verloren, er wollte die Geisel auslösen, wir sollten ihm dabei helfen. Der Hodscha bot ihm sofort seine Hilfe an, aber der Aktivist schrie: „Ihr seid doch alle gleich", sprang auf und lief fluchend weg.

Ich musste dem Rumänen vom Moor beteuern, dass wir seinen Gast nicht durch Ungebühr vergrault hatten. Aber unser Hochgefühl war verflogen, wir vertagten uns auf den kommenden Tag.

Was war Fremdheit? Ein kaltes Licht, das in die Augen stach und Verbitterung bewirkte. Eine verruchte Altertümlichkeit, ein minderer Kult, eine schäumende Woge des Irrsinns. War ich ein Mann in einer Haut mit Tarnanstrich? Was hatte den Neffen des schäumenden Aktivisten bewogen, die Seiten zu wechseln? Warum hasste er dies Land und verschrieb sich einer todbringenden Lehre? Freiheit war komplex, sie nötigte dem Zivilisten Schleifen und Schwünge ab. Die hartleibigen Männer wetterten wider die fremden Einflüsse, wider Vermengung und Vermischung. Der Onkel machte keine Unterschiede, für ihn war jeder Moslem ein Feind des Landes und der Landessitte. Sein Neffe würde mich wahrscheinlich als lauwarmen Heuchler verspotten. Es träumten die Eiferer aller Lager von der Erweckung, von dem Tag der Tage, an dem sie über ihre Feinde richten würden. Es galt eine Wahrheit nicht allein schon deshalb als wahr, weil man das Gegenteil nicht beweisen konnte.

Auf dem Heimweg hing ich diesen Gedanken nach. Die vor der Bäckerei angebundenen Hunde jaulten. Der Hodscha hielt sich in einiger Entfernung und starrte sie an. War er mir heimlich gefolgt? Biss ihn nach der denkwürdigen Begegnung der Schmerz, und brauchte er Gesellschaft?

Er bat mich, ihn zu einer jungen Frau zu begleiten, die nach einem Schwächeanfall geistlichen Rat suchte. Nach einem langen Fußmarsch betraten wir ein teures Lokal, eine Frau winkte uns zu, wir setzten uns an ihren Tisch. Der Hodscha glotzte auf die vielen Metallringe in ihrer Nase und an den Ohrmuscheln, sie glotzte zurück.

Wer war sie, und was hatte ich in einem Restaurant zu suchen, wo ein Teller getrüffelter Kartoffelstampf knapp dreißig Euro kostete? Ich bat sie um Auskunft. Es geschah, dass sie sich während eines Mallorca-Urlaubs in einen Sizilianer aus Siracusa verliebte. Sie stieß sich nicht am Augenbrauenbalken über dem Nasenrücken; sie fand nichts dabei, dass er kein Italienisch sprach, denn schließlich war er in Deutschland aufgewachsen.

Sie sahen sich in Hamburg wieder: Giovanni hieß Hasan, sie kam über den ersten Vertrauensbruch hinweg. Er sah aus wie ein schüchterner Schläger. Bei diesen Worten fing Hodscha Hamlet an zu kichern und wischte sein Gesicht mit der Stoffserviette trocken. Sie fuhr fort: Sie war sehr verliebt und bald verlobt. Hasans Mutter lobte ihr gebärfreudiges Becken; Hasans Vater rügte bellend seinen Sohn, als sie die Beine übereinander schlug und die Nylonstrümpfe knisterten. Hasan erklärte ihr die Regeln: Kein Metall im Gesicht, kein Minirock, kein Bikini am

Strand, kein Gespräch mit anderen Männern, kein Urlaub auf Mallorca oder anderswo, sondern alljährlich immer im Herkunftsdorf des Vaters oder der Mutter. Kein roter Lippenstift, keine Blusen und Kleider mit Ausschnitt.

Um Hasans Ehre willen sollte sie das Anglistikstudium abbrechen, und sich ganz auf ihre künftige Rolle als Mutter vorbereiten. Als sie widersprach, verwandelten sich die netten Türken von nebenan in tobende Anatolier. Sie wollte die Verlobung auflösen, er fing an, ungemütlich zu werden: Sie wurde zur Zielperson einer Beschattung durch seine Brüder und Vettern. Hasan drohte ihr mit Konsequenzen – wenn sie nicht in den Verbund der sittenstrengen Sippe zurückkehrte, würde er sie verkrüppeln. Könnte sich der Hodscha als Häuptling seines Stammes für sie verwenden? Könnte er bitte vermitteln?

Hodscha Hamlet quollen die Augen aus den Höhlen, ich legte die Hand begütigend auf seine Schulter. Er sprach: „Kind, du bist arm im Geiste. Du beschwerst dich mit dem Metall, damit der Wind dich nicht wegweht. Ich bin so wenig Indianer wie dein bekloppter Hasan Sizilianer ist. Du willst meinen Rat, und also rat ich dir: Geh zur Polizei, jetzt sofort. Mach ihn zur Memme!" Der Hodscha trank das Glas Kirschbananensaft in einem Zug leer, stand auf und trottete hinaus in die Nacht.

Die Studentin schmollte, ich ließ sie brüten und verließ bald das Lokal. Ich zähmte meinen Zorn, am liebsten wäre ich zurückgekehrt und hätte sie angeschrien. Sie wollte uns als Friedensrichter einschalten. Sie hatte romantische Stunden mit einem debilen Rabauken gehabt, dann war ihr Traum zerplatzt. Nun sollten wir alles wieder einrenken.

Der falsche Exot Hasan litt an Morbus Bosporus. Der Diaspora-Türke wird zum Supertürken, um für seine eingebildete Halbheit oder Unechtheit zu sühnen. Er stellt fest, dass man ihn im Heimatland seiner Eltern für einen verrohten Abtrünnigen hält. Tatsächlich verhält er sich wie ein Ethnokasper, der keine Ahnung von Benimm und Höflichkeit hat. Er ist kein Held der Arbeiterklasse. Er ist ein halber Kerl, der seine Weisheit aus Schlagern und Seifenopern bezieht. Statt sich dem Land, das ihn bereichert, zuzuwenden, statt Dorfmoral und Sippensippe zu überwinden, statt zu zerdrücken, was ihn erdrückt, verurteilt er sich freiwillig zu lebenslanger Haft in der Fremde. Er sagt: Blut ist stärker als Deutschland. Er lügt. Und diese Lebenslüge wird ihn verätzen, er wird Fälschung und Falschheit lieben lernen. Die Diaspora ist rechts, weil sich junge Fremdländer eine vaterländische Zuneigung einbilden. Die verweigerte oder verpasste Verstädterung macht aus Rüpeln fromme Träumer.

In den nächsten Tagen war Hodscha Hamlet unabkömmlich. Er verwies auf Störfeuer in seinem Kopf und auf knackende Gelenke. Das Papier zur Heimatfindung erklärte er für null und nichtig – Sülo und ich wären in seinen Augen elende Zwetschgenquetscher, spirrlige Tröpfe, die den Anschluss an die Heimat durch Quatsch und Firlefanz unmöglich machten.

Was hatte seinen Zorn erregt und ihn in die Abgeschiedenheit gleiten lassen? Sülo und ich saßen am Wasser auf einer Parkbank, und während wir geröstete Kichererbsen krachend zermahlten, dachten wir über unsere Lage nach: Der Alltag war größtenteils ein Terror aus Blödsinn und Lauheit, es war erkenntnisreicher, stundenlang Fische im Aquarium anzustarren.

Das taten wir nicht, wir lasen Bücher. Sülos Freundin verkaufte schwierige Prosa in einem kleinen Laden, ich gehörte zu ihren Stammkunden. Ich las nicht, um schlau zu werden. Ich las nicht, um mir Vokabeln der Weltkennzeichnung anzueignen. Ich las nicht, um in den Worten und Geschichten heimisch zu werden. Bücher waren keine Fibeln für den Hausgebrauch. Die Welt, oder das, was man Welt nannte, ließ sich durch Bücher nicht entschlüsseln. Mächtig waren Männer und Frauen, die nach Macht dürsteten – das Bücherlesen verdarb mir die Lust auf Macht und Unentbehrlichkeit.

Sülo und ich erfuhren, dass Hodscha Hamlet in zwei dicken Büchern las: Chronik der Deutschen und Historisches Lexikon der deutschen Länder. War er der Welt entrückt? Hatte er den Rückzug angetreten? Wir suchten ihn auf, er sprach: „Es liegt alles aufgeschlagen vor uns. Jetzt werd' ich den Knilch übermeistern!"

Bei dem Knilch handelte es sich um einen Identitären, um den Sohn der Witwe, mit der er gelegentlich in der Konditorei ihres Vertrauens gezogenen Topfenstrudel aß. Der Sohn hatte ihn auf der Straße gestellt und übel beschimpft: „Ihr seid nicht von hier. Also seid ihr Leute, die ihr Land mitbringen. In eurem hergeschleppten Land wollen wir nicht leben. Wir haben euch identifiziert: Ihr seid Aborthalunken, derb und säuisch, mit Pestatem und geräucherten Händen. Ihr träumt davon, unsere Kirchenglocken einzuschmelzen. Jede Frau, die ihr zu fassen bekommt, behängt ihr mit schweren Gardinen. Der Erbfeind von gestern ist der Erbfeind von heute..."

Der Sohn der Dame war also belesen, er konnte seine Hundsgemeinheit in Worte fassen. Hodscha Hamlet bat um meine Einschätzung, ich erzählte: Ich treffe immer wieder auf national verfasste junge Männer, die in mir den bioinvasiven Schädling sehen. Es ist für sie eine große Provokation, wenn ich mich als einen Deutschen fremder Herkunft ausweise. Sie lachen böse auf, sie starren mich böse an, sie bedeuten mir, auf Trug und Täuschung zu verzichten. Sie sexualisieren ihr Leben und die Leben der anderen. Tatsächlich ist das Wesen der identitären Ideologie die sexuelle Säuernis. Ein Moslem gehört allein schon deshalb nicht zum Volk, weil er beschnitten ist. Es haben mich rechtsnationale Frauen darauf angesprochen. Ihr Muselmanen, sprachen sie, seid gezeichnet, ihr habt euch mit dem Zeichen der ewigen Fremdheit ausgezeichnet, ihr wollt deutsches Blut verwässern...

Gegen diesen Wahn konnte ich nicht ankommen, denn ich war für sie ein Schauspiel, eine Andersartigkeit, ein Dämon aus dem anderen Reich. Man konnte mit wahnverstrickten Menschen kein vernünftiges Gespräch führen.

Hodscha Hamlet aber hatte nicht umsonst in dicken Wälzern gelesen, er wollte den Sohn seiner Herzensdame besänftigen. Er lud ihn zu einem Treffen auf neutralem Boden ein, nicht in der Hinterhofmoschee, noch in der

Wohnung seiner Mutter. Sülo und ich wurden entlassen, wir sollten aber bereitstehen.

Vier Stunden später stießen wir dazu, der Sohn war nach einer finalen Kampfansage verschwunden. Keine Versöhnung. Hodscha Hamlet sagte: „Alles sinnlos. Ich kam mir vor, als wollte ich ein Tau durchs Öhr fädeln. Die einen nehmen Drogen. Die anderen stopfen sich den Schädel mit Ideen voll. Der Junge hat nicht alle Latten am Zaun. Er glaubt, dass ich auf die erstbeste Gelegenheit warte, um ihn zum Beschneider zu zerren."

Wir bestellten Tintenfischringe, sie schmeckten wie frittierte Dichtungsringe. Der Junge hatte ihm zum Abschied zugerufen: „Wir brauchen keine weitere Gesellschaft, wir sind uns selbst genug. Gute Heimreise." Hodscha Hamlet starrte auf die aufgespießten Calamares an seiner Gabel, er dachte nach. Heimat ohne Zulauf oder Zusatz, das war die Parole der Abendlandsretter. Sie schauten hinaus in die Welt, die sie durch Unterwerfung mit sich versöhnen wollten. Sie schauten herab auf alle Volksfremden, die für ihre Fremdheit büßen sollten. Gegen wen alles musste der Hodscha kämpfen?

Ich versprach, mich zur Verfügung zu halten, lief nach Hause und packte die Koffer. Im Kostüm des Jahrmarktswilden wäre der Hodscha für seine Feinde sichtbar und erkennbar gewesen. Da er aber von seinem Deutschsein sprach, verzeichneten ihn die Feinde und verwehrten dem Eindringling den Eintritt.

Wie ging es mir? Sehr viel besser. Ich las aus meinem Lutherroman in Literaturhäusern, in katholischen Kirchen und evangelischen Gemeindehäusern; ich las vor Evangelikalen, die auf die Heidenmission pochten; ich las vor militanten Atheisten, die mich wegen meines Gottglaubens verhämten. Die Damen und Herren im Publikum waren verwundert: Wie konnte ein Mann aus einem anderen Kulturkreis aus dem deutschen Wesenskern heraus schreiben?

Ich erzählte von meiner Deutschwerdung und verblüffte sie noch mehr: Wie konnte ein Fremder in seinem deutschen Leben sich seiner Fremdheit entledigen und in eine andere Haut schlüpfen? Ich erklärte: Ich ging nicht von dem einen zum anderen über; ich bin nicht der Überlebende katastrophaler Identitätskrisen; ich schmücke mich nicht mit fremden Federn. Sie verstanden und staunten. Die Frauen und Männer, die die Lesesäle füllten, nahmen dabei eine kurze Auszeit, um danach wieder in die Wirklichkeit der Zahlen und Ziffern zurückzukehren. Sie waren erfahren und verständig.

Hodscha Hamlet bewegte sich jedoch fast ausschließlich in Zonen, in denen man um ein bisschen Geld und ein bisschen Stolz kämpfen musste; in einer Welt der Zerrbilder, der Selbsttäuschung und der Tribune, die die Knechte hochleben ließen.

Herr Nureddin, Licht des Glaubens, wollte dem Terror der Lautheit entfliehen; er schickte mir einen Brief aus seiner Einsiedelei an der Küste, und ließ mich wissen, dass er sich in einen Deutschkurs für Fortgeschrittene eingeschrieben hatte.

Sülo las den christlichen Mystiker Meister Eckhardt, er las den Talmud, die Bibel und den Koran, und nach meiner Rückkehr von einer zweiwöchigen Lesereise sagte er: „Die heiligen Bücher haben meinen Kopf geknackt. Jetzt ist die Welt mir nicht mehr fad' und spröd'".

Hodscha Hamlet berief ein Treffen der Deutschlandsucher in der Konditorei. Er sprach: „Genug gegrübelt. Genug gekämpft. Schluss damit. Wir lieben unsere deutsche Freiheit. Punkt."

Wir ließen ihn hochleben und aßen breit grinsend und vergnügt unseren Käsekuchen.

# Umgebung

Der Wind braust durch die Häuserschlucht, fegt die Krähen und die Tauben im Flug nieder, prallt gegen die Fassaden, beult die Markisen, treibt Zweige, zerschlitzte Plastiktüten, Gossendreck übers Pflaster. Karl zieht die Kapuze über den Kopf und sagt laut: Diese Welt soll zugrunde gehen. Sturm im Norden, Regen klatscht uns Eckenstehern am Kiosk ins Gesicht, wir rauchen und staunen. Kalte Kippe im Mund, Bartbüschel an Kinn und Kiefer, dünn wie eine Zaunlatte: Das ist Veit, der Strenge, bester Freund von Karl, ein irrer Kummer plagt ihn. Er will sich erklären, da geht aber ein großer Hagelschauer nieder. Ducken hilft nicht, hinter Müllcontainern verschanzen hilft nicht, wir retten uns in einen Hauseingang, schauen hoch zum Kieler Himmel. Blitz und Donner. Hagel und Regen im Wechsel. Wir heulen, wir ahmen Windes Geisterpfeifen nach, wir heulen uns die Angst aus dem Leib. Armin brüllt sich heiser, er will als tapferer Kerl gelten, er muss weichen.

Die Bürger in den Häusern machen Licht. Eine Frau am Fenster im zweiten Stock des Hauses gegenüber, sie starrt hinaus, Veit strafft sich, winkt ihr zu, sie winkt nicht zurück. Die liebesunempfängliche Dame, Kellnerin im Steakhaus, viele Kerle haben sich in sie verschaut, viele Kerle hat sie abgewiesen. Veits Welt wankt. Gutes Gelingen wünsch ich ihm zum Abschied, ich bin der Liebeskämpfe anderer Männer überdrüssig.

Eine Stunde später stehe ich am Fenster, die hohe Tanne im Hinterhof ist auf den Sägeschuppen im Nachbargarten gestürzt. Schwerer Schaden, Bruch- und Splitterholz liegt überall verstreut, der Hausmeister hackt die armdicken Äste ab. Das Futterhäuschen für die Eichhörnchen ist zerbrochen. Die feuchte Natur bekommt dem trockenen Bürger nicht. Erste Textmitteilung von einem Freund, der im Stau feststeckt, er schreibt von der wundersamen Vermehrung der Idioten bei schlechtem Wetter. Über ein Dutzend weitere Mitteilungen von Bekannten, sie melden kleine Katastrophen und Kollisionen, umgewehte Bäume und Blitzeinschläge.

Am nächsten Morgen schlage ich die Zeitung auf, ich lese: Windböe erfasste Zwölftonner, schob ihn auf die Böschung. Starke Böen peitschten das Wasser der Ostsee aus der Bucht, die Fischer mussten die Festmacherleinen ihrer Boote im Hafen anpassen. Bäume auf Gleisen, auf Oberleitungen. Aus der Verankerung gerissene Solaranlagen. Fliegende Dachziegel, über Straßen rollende Weihnachtsbäume, Überschwemmungen. Schiffe nutzten Schlepper für die Einlaufmanöver in die Kanalschleusen, Fährverkehr vom Festland zu den Inseln gestrichen. Hochwasser drei Meter über dem normalen Stand. Der Küstenschutz gibt bekannt: Die Deiche stehen. Die Landesfeuerwehr mahnt: Bürger, bleibt in euern Stuben.

Dies ist der zweite Tag des Sturms, ich laufe hinaus, brüllender Wind, brüllende Freunde am toten Kiosk. Die Pächterin musste schließen, die Jungs vom Spätkauf an der Ecke jubeln, die Konkurrenz ist verreckt. Wir halten volle Kaffeebecher in Händen, stemmen uns schräg gegen die brausende Luft, nickende kahle Äste und Zweige, dröhnende Erde, dunkler Himmel. Karl sagt: Wir sind nicht ganz gescheit.

Veits Herzensdame im Morgenmantel am Fenster, die Haare liegen ihr auf den Schultern wie gezähmte kleine Schlangen, Veit winkt ihr heute nicht zu, starrt nur zurück. Stumpfer Blick des brennenden Mannes mit regennassem Gesicht. Mir schmerzt der Kopf, mir schmerzt der Nacken, Karl spricht vom Masseur, den die Frauen als Zauberkünstler loben. Ich sage: Von Männern lass ich mich nicht kneten. Sie lachen mich zu Recht aus. Hier im Norden, hier in meiner Stadt, gilt ein kleiner Kerl wie ich als halbes niedliches Tier.

Armin hatte letzte Woche rote Zwiebeln aus seinem Salat gepickt und am Tellerrand gehäuft. Er hatte am Abend eine Kussverabredung, er wollte nicht aus dem Mund riechen. Seitdem nennt man ihn gelegentlich ein Männchen, ein Kind mit Bart. Serjoscha, der Russe, hebt im Vorbeigehen die Hand zum Gruß, fast erwischt ihn der Wind, er macht einen Ausfallschritt nach vorne, hält sich am Ampelmast fest, kehrt zu uns zurück. „Schreiber", sagt er, „es stürmt und du bist draußen, weshalb? Es fault dir doch der Kopf, wenn du nicht schreibst..." Russlanddeutscher Serjoscha hat sich ein echtes Leben verordnet im deutschen Norden. Ich erinnere ihn an kaukasische Karussellbremser, an kleine Tiere, die in Pfützen springen, an einen verleugneten Vetter, an einen Mann in der zweiten Reihe auf dem kolorierten Hochzeitsfoto.

Er muss noch entscheiden, ob er mich dem Gelumpe zuschlägt oder nicht.

Wir fliehen vor dem brüllenden Himmel in das Lokal seiner Wahl, die Freunde halten es am toten Kiosk aus. Am Tresen und in der Eckbank Morgensäufer, sie haben sich Frohsinn angesoffen, und weil der Regen gegen die Fenster peitscht, glauben sie an den baldigen Untergang. Der Wirt knallt den Teller auf den Tisch, Serjoscha reißt den Streifen ab, drückt Senf auf die Bockwurst. Beißt ab, kaut und schluckt, vier Mal, dann schiebt er den Teller zur Seite und fängt an zu erzählen: „Meine Schwester, sie ist seit einem Jahr geschieden, ihr Mann handelte mit Heroin, jetzt sitzt er im Knast, er ist ein schnaubendes Schwein. Sie hat ihn schon vergessen. Sie duldet keine verderbten Seelen in ihrer Nähe. In der letzten Woche des letzten Monats sagt sie zu mir: Bruder, ich habe ein Buch gelesen von einem, der kein richtiger Türke war, und jetzt kein richtiger Deutscher ist, obwohl er das behauptet. Du kennst ihn. Bestelle ihm, dass mich das Romanende sehr enttäuscht hat. Er soll sich das nächste Mal bitte anstrengen. Ich versprach es ihr. Sie will dich kennenlernen. Hoffe nicht auf mehr als eine Unterhaltung. Sonst biege ich dir beide Daumen um, bis die Knochen krachen..."

Ich trinke schweigend das große Glas Wasser leer, ich denke nach. Braucht seine Schwester Zerstreuung? Wird sie mich einen Abtrünnigen schimpfen, dem Brauch und Sitte seiner Ahnen nicht heilig sind? Gibt es ein Missverständnis, und bricht mir Serjoscha zwei Finger, weil die Familienehre befleckt ist? „Wann?" sage ich. Heute, gleich, er besteht darauf. Wo? In meiner Wohnung, er wird im Lokal warten, er hat noch Hunger und die Bockwurst schmeckt gut.

Eine halbe Stunde später klopft Serjoschas Schwester an meine Tür. Drei Metallstreben des Regenschirms sind verbogen, sie spannt ihn trotzdem zum Trocknen auf. Strenge Russin, keine Halskette, keine Ringe, Haar vom Wind zerzaust, sie ist gekleidet wie eine keusche Sektenangehörige. Sie starrt auf die geviertelten Berliner, auf das Trockengebäck, sie isst und trinkt nichts bei fremden Leuten, ich solle es ihr nachsehen.

Ich habe ihr den schönsten Platz der Wohnung angeboten, sie streicht über das Schürzenkleid, sie starrt auf die Gedichtbände im Regal, ich starre auf die rote Berlinerfüllung, die quillt und verläuft. Sie nennt mir ihren Namen: Alesja. Sie sagt: „Vergessen haben Sie fremde Dialekte und fremde Gewürze. Wahrscheinlich streuen Sie Pfeffer auf die Butter oder das blutige Fleisch auf dem Teller. Wahrscheinlich sind Sie ein Gottesleugner. Sie wollen nämlich nicht von den Altgläubigen bespuckt werden, weil man in Ihnen einen getauften Moslem vermutet. Das Kreuz ist mir heilig, ich bin eine Christin, ich füge mich der Tradition. Sie aber schlüpfen in Ihrer neuen Deutschheit in die Rolle des ewig verfluchten Judas. Wollen Sie sich bitte sehr verteidigen?"

„Ich streiche weder Butter noch Margarine aufs Brot", sage ich, „ich bin kein Konvertit, halte aber den Frömmlerwahn aus meinem Leben heraus..." Ich bin der Bekenntnisse müde, und doch erwartet die Russin, die keine echte Russin ist, eine skandalöse Enthüllung. Sie verschmäht den Bissen des Gastgebers. Sie glaubt, ich wolle sie betäuben oder sogar vergiften. Will sie mich missionieren? Oft öffne ich arglos die Tür und muss mich der Evangelisten erwehren, die mir die Bekehrung zum wahren Wort nahelegen. Wir werden sterben und verwesen, und dann helfen keine parfümierten Verse…

Ich erkläre das Gespräch für beendet, und bitte sie zu gehen. Sie aber bleibt sitzen. Es klingelt. Ich schließe Serjoscha auf, Bruder und Schwester sitzen nebeneinander auf dem Sofa, ich sage, dass ich für niemandes Gemütsleiden verantwortlich sei – ich klinge wie ein weisungsgebundener Amtmann. Der Russe entschuldigt sich für das Verhalten der Russin, sie rauscht grollend davon. Disharmonien, flüstert er und folgt der Schwester.

Was war das? Stürmen im Jahresanfang die Irren aus ihrem Unterschlupf? Hinaus ins Freie. Ich laufe zum Ufer, der ablandige Wind hat das Wasser aus der Bucht gedrückt. Eine Frau geht auf dem freigelegten Grund herum, vielleicht findet sie bemooste Ringe oder Münzen. Große Bürgerhäuser und Villen mit Panoramafenstern säumen den Promenadenweg. Hier leben die Reichen. Im Hotel haben sich in Wohnungen mit Seeblick für eintausendzweihundert Euro im Monat jene eingemietet, die für reich gehalten werden wollen. Reicheleutebunker, Grüfte. Wie kann man im Glauben bauen, dass man ewig lebt? „Wie kann man derart unanständig denken?" wird meine Mutter später am Telefon sagen, „vor dem Herrn büßt alles seinen Glanz ein. Aber in diesem Leben braucht man ein Versteck in der Finsternis…" Ich werde ihr nicht widersprechen und meine Gedanken für mich behalten.

Der Wert von Geld und Gold verfällt. Ein Grundstück, ein Haus oder eine Wohnung gründen den wahren Wohlstand. Als Kinder hörten meine Schwester und ich tagtäglich diesen Glaubenssatz. Unsere Eltern waren aufgestiegene Arbeiter, die wahren Bürger mieden sie, weil man immer die Menschen verachtet, die hinzukommen. Meine Mutter gab vor, dass es sie nicht beeindruckte. Sie sprach: Reich sein und gerecht, reimt sich wie krumm und schlecht. Ich sah die Kinder der Wohlhabenden in den Vorgärten spielen: Die Jungs peitschten mit Stecken in die Büsche und waren enttäuscht, wenn keine Frösche und Hasen heraussprangen. Die Mädchen schrien und spuckten nicht, sie zogen die weißen Socken hoch, prüften den Halt der Haarnadeln, strichen die Rüschenkleider glatt. Ich staunte sie an, sie blickten auf mich, als wäre ich ein putziger Hund, der sich an der Zaunlatte verbissen hatte. Ihre Mütter scheuchten mich fort, ich verübelte es ihnen nicht, denn sie schützten ihre Kinder. Ich sah die Väter wie kleine Herrscher an der Hecke stehen und mit dem Hausmädchen, der Putzfrau oder dem Gärtner schäkern und lachen. Aufgeräumte Männer mit Kurzhaarschnitt, das Hemd steckte auch in der Freizeit in der Hose, und auch wenn sie nur über den Rasen schritten, waren sie auf der Hut: Ein Wespenstich, ein Sturz, eine Sekunde der Unaufmerksamkeit, und alles könnte sich in das Gegenteil verwandeln. Mein bester

Freund sagte: Ich will reich werden, dann bin ich der Kommandant auf meinem eigenen Grund und Boden. Ich sagte: Ich möchte nicht arm bleiben, das reicht mir.

Ich stehe am Wasser, es fängt an zu dunkeln. Das kann kein Zufall sein, denke ich. Die irre Alesja und ihr Freund, sie halten Händchen, und kaum dass sie mich entdeckt, steuert sie auf mich zu und zerrt ihn hinter sich her. Der Mann und ich werden einander nicht vorgestellt, sie erzählt: Das ist der Poet, der mich heute empfangen hat. Er sammelt kleine Kuckucksuhren, Magnethefter. Die Uhren sind alle zehn oder Viertel vor eins, zehn vor zwei oder zehn nach zehn stehengeblieben. Der Poet kennt bestimmt nicht den Grund. Fünf vor zwölf verbietet sich wegen der Symbolik. Wieso bleiben die Zeiger oben? Stell dir die Stellung der Zeiger zwanzig vor fünf vor. Das sind gespreizte Beine. Moralisch verwerflich. Die Menschen, die diese Plastikuhren herstellen, sind klug... Der Freund der Russin errötet, er drängt sie zum Weitergehen. Sie sagt: Ich bin rein, ich kann bügeln. Dir aber droht die Verdammnis...

Später am Abend erzählt Mutter von dem Diplomaten und seiner Gattin, die in den ersten Stock des Hauses gegenüber eingezogen sind. Die Tüllgardinen bauschen aus den Fenstern hinaus und wehen wie Partisanenbanner. Die Gattin, eine recht vulgär aussehende Frau, beweise aber Geschmack bei der Wahl der Möbel – sie stelle nämlich die Wohnung nicht zu mit den Trophäen aus aller Welt. Wo wir dabei sind, fährt Mutter fort, ein Paket ist unterwegs. Ich habe dir zwei Topflappen, Tischläufer in gedeckten Farben, einen Stoffkorb für deutsche Brötchen, eine Kochschürze und Geschirrtücher mit Karomuster geschickt. Dein Gast muss auch in deiner Küche, der Küche eines Junggesellen, die Zeichen der Häuslichkeit sehen können…

Ich erinnere mich: Heimat war Häkeldecke. Heimat war pistaziengrüner Kissenbezug. Heimat war Farbe als Bekenntnis. Im Arbeiterviertel München-Moosach waren die Deutschen plötzlich gezwungen, mit Ausländern zu leben. Sie trugen es mit Fassung. Die Ausländerkinder sprachen Deutsch, in der Schule, auf dem Spielplatz, im Krämerladen. Draußen war deutsche Weite, in der Wohnung kleine Welt. Auch im entferntesten Raum hörte ich die Klospülung. Ich hörte auch die Frau Nachbarin, die sich am Telefon mit ihrem jüngeren Liebhaber stritt. Kinderkumpel Bernhard sagte: Das ist ein Strizzi, der liebt nur gegen Geld und Gaben. Kinderkumpel Heinrich sagte: Der will in die obere Etage. Die Frau ist nur ein Schlüssel…

Die Mädchen in meiner Klasse verliebten sich in Bürgersöhne, und sie schwärmten von der Pracht ohne Protz. Von den Leuten in den besseren Häusern. Die Kumpel und ich zogen los, nach einem einstündigen Fußmarsch standen wir vor den Reicheleutebunkern. Wollten unsere Mädchen hierher ziehen? Alles heil, alles neu, nichts kaputt. Wir fielen auf, wir waren schlecht gekleidet. Die Kinder in diesem Viertel trugen Festtagskleider, die Knöpfe und die Schuhschnallen glänzten, die Hemdkragen und die Hemdsärmel waren nicht zerschlissen. Unsere Welt war aus ausgehärtetem Ton gemacht. Die Welt der glänzenden Kinder bestand aus polierten, verputzten, geraden Flächen. Keine Risse, kein Schimmel, keine Wasserschäden. Keine überstehenden Halme. Keine aufgeplatzten Mülltüten auf dem Gehweg. Keine Zigarettenstummel und weggeworfenen Einwegfeuerzeuge. Kein Lärm.

Wir kehrten zurück und erzählten den Mädchen: Schlecht sieht das nicht aus. Trotzdem, ihr spinnt. Wir sind härter als die Puppenjungs. Schaut auf uns und jubelt! ... Sie jubelten nicht, sie liefen kichernd davon, wir wurden nachdenklich. Wir nannten das Viertel der Leute in den besseren Häusern Harmonieheimat.

Ich schaute an mir herunter, ich trug einen burgunderroten Pullunder, der mir fast bis zu den Knien reichte. Es war die Saison der ärmellosen Pullover mit Rund- oder V-Ausschnitt. Die Bürgerkinder trugen blütenweiße Hemden oder Blusen, sie spielten nicht im Dreck oder balgten sich auf dem Pausenhof. Wir wiesen uns durch Schmutz und Flecken aus. Ich dachte: Ich bin kostümiert, es ist die falsche Garderobe.

Ich schritt die Räume unserer Wohnung aus. Küche: Zwei mal zwei Schritte. Flur, von Schwelle zu Schwelle: Drei Schritte. Durchgangsnische mit Hochbett, das Kinderzimmer für mich und meine Schwester: Eineinviertel Schritte breit. Wohnzimmer: Dreieinhalb mal drei Schritte. Kleine Wunderkammern, viel Platz für Träume.

Enge betäubt, ich wurde allmählich lebensuntauglich, ich ging in die Abgeschiedenheit. Ich begann, die heiligen

Bücher zu lesen, nicht weil mich der glühende Glaube dazu trieb. Ich las mich in eine andere Zeit, in die Zeit der Gottesfurcht und der blutigen Kämpfe gegen die Heiden. Ich las: Mann und Frau werden ein Fleisch. Ich las: Und er entdeckte sie, und sie entdeckte ihn. Ich las: Verkünde Seligkeit den Armen. Ich fand neue deutsche Worte: Himmelreich, Vater im Himmel, Judas.

Kaum sprach ich ein neues deutsches Wort aus, da ragte ich auch schon aus der Arbeiterbaracke. Ich sagte: Über des Gottlosen Haus streut Gott Schwefel aus. Ein Knirps lernte das Alphabet der wider das Gezücht und das Gesindel Zürnenden. Ich aber war nicht wütend, also schlug ich andere Bücher auf. Stieß auf seltsame Wörter. Benutzte sie: Es verdrießt mich, dass … Du bist mir nicht wohlgesonnen. Das ist beklagenswert. Soll ich dir, schönes Mädchen, eine Liebesweise schnurren? Hab Acht. Die Schwermut setzt mir zu …

Ich baute mir einen Palast, den ich nicht bewohnte. Es fiel den Freunden, Lehrern und meinen Eltern auf, dass ich verrückt spielte. Das schönste Mädchen der Klasse nannte mich ein irres Kalb. Die Nachbarin mit dem jugendlichen Liebhaber empfahl kalte und warme Wadenwickel. Kumpel Bernhard besprach sich mit Kumpel Heinrich, sie balgten mich nieder, jeder von uns steckte Kopfnüsse und Schläge ein. Dann standen wir auf, klopften Staub und Erdbrocken von Hemd und Hose. Sie warfen mir vor, dass ich die lauen Kinder in den teuren Häusern nachahmte. Ich gelobte Besserung, ich zerstörte den Palast, ich zog wieder in die Baracke ein.

Am Morgen des Tages nach den Stürmen streite ich mit einem pensionierten Postbeamten. Serjoscha hat ihm ein Märchen erzählt, er glaubt dem Russen. Ich fahre ihn heftig an: Ja, seine Schwester hat bei mir auf dem Sofa gesessen, ich gab der Bitte des Bruders nach. Nein, ich habe sie nicht orientalisch verflucht oder Verdammnis auf Tschetschenisch angedroht. Nein, es ist nicht wahr, Serjoscha hat sie nicht mit knapper Not aus meinen Klauen befreit. Die Geschichte macht die Runde, Stunden später sagt die Kassiererin im Discounter, ich solle mich schämen, das arme Mädchen sei nach der Begegnung mit mir verzweifelt. Das Gerücht tötet den Mann.

Ich sitze an der Schreibmaschine, starre auf die einzige Zeile auf dem Blatt, starre aus dem Fenster auf die dunklen Fenster in den Klinkerhäusern gegenüber. Der Russe ruft an, er steht vor der Tür, er möchte mir einen Brief überbringen, ich schließe ihm widerwillig auf. Ich weiß, sagt er, es ist lumpig, wie sich meine Schwester verhält, lies erst ihren Brief. Sie schreibt: Ich schreibe an einer Geschichte. Männer, Frauen. Liebe, möglich, unmöglich. Ich schlüpfe in die Rolle der Heldin. Übertrage alles auf das wirkliche Leben. Erstaunlich, es klappt. Ich bin inspiriert. Du bist eine Nebenfigur. Ich sorge dafür, dass du in diese Rolle schlüpfst. Ein Poet versteht das, ich mache mir keine Sorgen. Große Ausbeute. Ich übersetze alles zurück in meine Geschichte. Es wird nur noch wenige Wochen dauern, dann bin ich fertig. Dann bist du wieder der Poet, der sich um die eigenen Angelegenheiten kümmert. Danke.

Serjoscha schaut mir auf die Hände, auf das Gesicht, ich beherrsche mich, zerreiße den Brief nicht in ein Dutzend Schnipsel, und lasse sie nicht über seinem Haupt als Konfetti niedergehen. Wir einigen uns darauf, dass die Experimentierfreude seiner Schwester nichts mit der russischen Seele zu tun hat. Hat er sich zu ihrem Werkzeug gemacht? Verleumdet er mich? Schadet er mir mit übler Nachrede? Er schweigt. Dann sagt er: Du hast kein Verständnis für Alesjas Verhalten? Sie steckte in einer Schaffenskrise. Jetzt sprudelt die Quelle wieder …

Der Russe redet mir ins Gewissen, ich solle bitte nicht die Polizei einschalten. Ich denke: Ich bin im Phantasiegespinst einer Spätaussiedlerin gefangen. Sie dichtet mir eine Biografie an. Kleine und einige wenige große Lügen über mich, das sind das Fleisch und das Blut und die Knochen des Mannes in ihrer Geschichte. Mein seitenverkehrtes Bild, eine Verfälschung. Der Russe droht: Sollte ich zu denselben Mitteln greifen und Gerüchte über Alesja streuen, sollte ich ihr Hurenhaftigkeit unterstellen, wäre er gezwungen, ihre Ehre wieder herzustellen. Sie brauche keine Verzeichnung, ich dürfe das Spiel nicht verderben. Meine Entscheidung steht fest, ich vergelte den Einbruch der Russen in mein Leben.

Ich kenne die Verfälschten, die Neuerfundenen, die Ausgedachten. Kleine und große Lügner. Ein Junge aus der Parallelklasse sprach mich eines Tages auf dem Pausenhof an. Er war mir aufgefallen, weil ihn die Mädchen umringten, immer dann, wenn er Geschichten erzählte. Sie mussten nicht fürchten, dass er sie belästigte, denn er schwärmte von einer Frau im Alter seiner Mutter, er war erfüllt von dieser fast verbotenen Liebe. Er strahlte an düsteren verregneten Vormittagen, er war der Glückskönig im Klassenraum. Die Französischlehrerin begann bei seinem Anblick zu gurren. Der Direktor ermahnte ihn ein einziges Mal, er solle nicht durch die Flure schlappen und schlurfen. Jeder Tadel erboste den fabelhaften Jungen, und als er mich ansprach, erzählte er von seiner großen Gefallsucht. Ich verstand ihn nicht.

Er lud mich zur Geburtstagsfeier im getäfelten Heimwerkerkeller seines Vaters ein. Die Mutter hatte Kuchen und Gebäck gebacken. Sie war schön, wie alle Mütter schön sind. In ihrer Nähe schrumpfte der Sohn zum cholerischen Knaben, er blies die Kerzen aus und bat sie schroff, ihn und uns in Ruhe zu lassen.

Nur ein halbes Dutzend Schülerinnen waren seiner Einladung gefolgt, sie hingen an seinen Lippen, ich aß brav das Kuchenstück und fragte mich, wieso es hier nicht so aussah wie bei reichen Leuten. Der fabelhafte Gerhard wurde von seiner Mutter Gerardo genannt, sie hatte aber keine italienischen Wurzeln, sie wuchs in Münster auf und lernte ihren künftigen Mann während einer Betriebsfeier in Köln kennen. Er stammte nicht von Hugenotten ab, er hatte auch keine leitende Position im Porsche Konzernhaus, die Familie hatte noch nie Urlaub in den Vereinigten Arabischen Emiraten gemacht.

Unter dem Vorwand, austreten zu müssen, war ich die Treppen hoch gestiegen und Gerardos Mutter in der Küche begegnet. Ihr Junge, ein Einzelkind, hatte zwei

Schwestern erfunden. Nein, es stimmte nicht, dass er bei einer türkischen Familie in Pflege gegeben wurde. Er übersprang nicht eine Klasse, er war nicht der einzige Überlebende eines Zugunglücks, er schrieb keine Kurzgeschichten und er hatte auch keine Brieffreundin in der Mongolei.

Das alles erfuhr ich nicht allein an diesem trüben Abend. Anscheinend war ich der einzige Junge, der Gerardos Geschichten geglaubt hatte. Der Schwindler verlor allmählich sein Publikum. Der Schwindler ließ sich in blutige Raufereien ein. Der Schwindler stahl seinen Mitschülern Geld aus der Börse und Sportschuhe aus dem Zugschnurbeutel. Der Schwindler wurde nun auch von den Mädchen bei seinem Taufnamen genannt. Er rächte sich mit bösen Gerüchten: Das Mädchen mit den guten Noten war die heimliche Liebedienerin der Lehrer. Der verpickelte Siebtklässler bot sich in Homosexuellenclubs als besserer Strichjunge an. Die Französischlehrerin hatte perverse Neigungen.

Es ekelte mich und ich wandte mich ab von dem Verfälschten, von dem miserablen Gerhard. Von einem Tag auf den anderen verschwand er von der Schule, die Eltern kamen dem Verweis zuvor. Es wollte der Zufall, dass ich den Lügner wiedersah, auf einer Spielwiese hinter den Arbeiterbaracken. Er saß auf einer kleinen Anhöhe, starrte auf die türkischen, kurdischen und albanischen Mütter, die mit ihren halbnackten Kindern laut schimpften. Gerhard rauchte auf Lunge. Er bot mir eine Zigarette an, ich lehnte ab. Er sagte – ich kann mich sehr gut an seine

Worte erinnern –, er sagte: Ich will mich doch nur verbessern, das ist kein Verbrechen.

Ich traf in den späteren Jahren auf einige Jungs und Mädchen, die sich auf diese Weise verbessern wollten. Sie erfanden Geschichten, sie nannten mich einen Spießer, wenn ich auf Unstimmigkeiten hinwies. Ich aber war nicht auf die Entlarvung der Täuscher und Trickser aus. In den Restaurants wimmelte es von Fälschern, sie riefen den Gästen schon beim Eintritt Grußworte zu, geleiteten sie an den Tisch, machten der Gattin Komplimente. Der gefakete Giovanni konnte mit krachendem Akzent sprechen, man gab es der Leichtigkeit seiner Lebensweise. Der echte Kalabrese oder Genueser, auf Kurzbesuch in Deutschland, staunte nicht schlecht: Den Deutschen machte es nichts aus, in einem Zirkuszelt zu essen, das Geschrei des falschen Wirts und der falschen Kellner sorgte für Behaglichkeitsgewinn. Die Kopisten feierten Triumphe, die Zusammenstellung eines neuen Bildes durch Komponenten alter Bilder wurde zur Kunstform erklärt.

Es war aber auch die Zeit der Exotinnen mit Pekinesengesichtern. Eine Türkin aus meiner Straße verlobte sich mit einem Türken. Sie waren in Deutschland geboren und blieben doch Geiseln der Parallelgesellschaft. Im Ausländerviertel zählen Geld und Status, man richtet sich eine Heimatnische ein, stellt die Abseite voll mit Tand und Plunder aus dem Herkunftsland. Ein Türkenviertel ist das Mallorca der fremden Unterschichtler. Die Türkin machte im Jahr zwischen Verlobung und Hochzeit eine erstaunliche Verwandlung durch. Sie brach den Kontakt zu ihren Ex-Freunden ab. Sie erklärte sich zur Jungfrau. Sie ließ sich die Haare blondieren. Sie trug dicken Lidschatten und Chanel-roten Lippenstift auf. Sie vertraute der Ethnochirurgie.

Als sie wieder auftauchte, erkannte ich sie nicht wieder: Knopfnase, zu Sichelmonden gezupfte Augenbrauen. Ich erfuhr: Die Mutter, eine strenge Anatolierin, hatte sie zu diesen Schritten ermuntert. Der Vater spielte den Patriarchen, der zukünftige Schwiegersohn musste ihn mit Geschenken bei Laune halten. Er spielte seine Rolle gut, der fleißige Bordellbesucher sprach von der Ehre seines keuschen Mädchens. Die Türkin und der Türke, sie waren keine echten Türken, sie waren deutsch gewordene Fremde, und doch zogen sie sich aus allen deutschen Milieus zurück. Ich dachte: Die Maske verwächst mit dem Gesicht, die Maskierten versuchen ein neues falsches Leben – ist das nicht Feigheit?

Ich wandte mich von ihnen ab, blieb der Hochzeitsfeier fern. Ich erfuhr von der Wandlung des jungen Ehemannes zum Frömmler. Die platinblonde Türkin färbte ihre Haare dunkelbraun, verzichtete auf Röcke und knisternde Nylonstrümpfe. Ich traf sie zufällig auf dem Wochenmarkt, sie fing sofort an zu schimpfen: Wie konnte ich, ein halbwegs gebildeter Mann, meine Herkunft verraten?! Wie konnte ich mich nur von den Deutschen bestechen lassen?! ... Eine wahnverstrickte Frau keifte am Gemüsestand und stach mit dem Zeigefinger immer wieder in meine Brust. Ich wurde von einer Lügnerin belehrt. Die

Rückzugsgefechte hatten sie zermürbt, sie musste den Schuldigen ausmachen. Ihre Heimat bestand aus Luft, Behauptung und Krempel. Sie verdarb, und also nannte sie mich einen Verdorbenen. Ich dachte: Die armen Kinder, sie sind verloren, diese Frau steckt sie mit der Krankheit an. Sie büßen für die Lügen der Mutter und des Vaters. Und sie werden die Lügen weitergeben an ihre Kinder. Keine Rettung, keine Erlösung.

Ich traf viele junge Türkinnen, die das Wunder vollbrachten, als Jungfrauen in die Ehe zu gehen. Doppelt so viele Türken trennten sich von der deutschen Freundin, schwätzten von ihrer neuen Reinheit und freiten die importierte Dorfjungfrau. Eine einzige große Darbietung, ein Jahrmarktsspektakel, das eingebildete Dunkel wurde von glühenden Körpern erhellt, die sich große Gefühle einbildeten.

Wie ist es heute? Die Radikalen unserer Tage, ich würde sie gerne vergessen. Im Einkaufszentrum preist ein falscher Luigi Pasta und Pizza. Er kennt mich aus der Stadtzeitung, ich lasse mich zu einem schwarzen Kaffee einladen. Der getrimmte Vollbart steht ihm gut, er zeigt mir den silbernen Ehering. Dieses Jahr hat er im Urlaubsland, der Heimat seiner Eltern, geheiratet. Ich wünsche ihm Gottes Segen, er merkt auf, mustert mein Gesicht, entdeckt nicht Hohn noch Unernst. Zwei Wochen später stehe ich an der Bushaltestelle, sehe ihn und seine verschleierte Frau die Straße überqueren. Ein Strenggläubiger – ist er aber deshalb radikal? Vielleicht, ich kenne ihn nicht gut genug.

Was geschieht, wenn ein Moslem auf einen Islamisten trifft? Für den Moslem ist der Herr kein Tongötze, den man mit dem Blut der Ketzer und Heiden waschen muss. Gott steht über dem Dünkel der bewaffneten Frömmler. Für den Islamisten sind dies Worte aus dem Munde einer Puppe, die kein eigenes Leben hat. Er drängt auf die wahre Bekehrung des Moslems, auf die Entmenschlichung im Namen des Herrn. Der schlimmste Feind des Islamisten ist der Moslem, der das Menschenleben heiligt, er nennt ihn Satans Zahnstocher. Wie aber nennt man Männer, die gern und oft foltern und töten? Psychopathen. Menschenfeinde. Verrohte Schergen. Gelichter und Gesindel.

Nach einer Lesung, auf dem Weg zum Hotel, begegne ich einem jungen langbärtigen Türken, der mich zu einem kurzen Gespräch in einen Helal-Kebabladen einlädt. Ich frage ihn, wer dort auf mich wartet. Nur ein Freund, sagt er, es droht dir keine Gefahr. Eine Viertelstunde später sitze ich zwei langbärtigen Eiferern gegenüber. Wir trinken Pfefferminztee. Bald verstehe ich: Sie wollen mich für ihre Sache gewinnen. Ich soll über die Gräuel der Imperialisten schreiben, über die Massaker der Soldaten und Söldner, über die Verbrechen der Demokratischen Besatzer. Eine Parteinahme sei unerlässlich, ein Jein nicht hinnehmbar. Diese Frömmler sind Separatisten: Sie trennen das Jenseitsreich vom Diesseits. Sie schneiden den Gläubigen, die keinem Khalifen dienen möchten, die Kehle durch. Im Diesseits hat die Seele einen Leib und blutet, sage ich. In ihren Augen bin ich zu einem Tier herabgesunken. Für mich ist kein Platz in Gottes Verteidigungsarmee. Alles verwest, rufen sie mir hinterher, alles verdirbt – bis auf Gott.

Ich erinnere mich an die Worte der Russin: Wir werden sterben und verwesen, und dann helfen keine parfümierten Verse. Im Traum erscheint mir Alesja als eine Heilige in Ordensschwesterntracht, sie zeigt ihre Wundmale an Händen und Füßen, ich schrecke im Morgengrauen auf. Geflüster und Gerüchte, sie sickern in meine Träume. Jenseitskrieger, Einflüsterer, Männer und Frauen, die einen Schreiber in ihre Geschichte einbinden. Ich aber bemühe mich in meinen Büchern um Diskretion.

Nach der Ankunft im Kieler Hauptbahnhof stehe ich im Raucherfeld, der Rauch zieht über die Markierung ab, eine naturtrübe Dame wirft mir böse Blicke zu. Sie sagt laut: Man müsste euch verbieten! Die neue deutsche Prüderie: Lust ist verpönt, Zerknirschung ist das Gebot der Stunde.

Mein Verlag hat Post von Lesern und Leserinnen an mich weitergeleitet, ich stelle den Wasserkocher an, reiße die Briefe auf. Eine Frau schreibt: Herr Zaimoglu, Sie haben einen säuischen Charakter. Ein Mann schließt mit folgenden Worten: Wahrscheinlich leben Sie in einer Villa und müssen sich keine Sorgen machen wie wir Normalsterblichen. Ich schäme mich für Sie… Ich schaue mich grinsend in meiner Mietwohnung um: Wasserflecken an der Decke, leckendes Rohr, rieselnder Putz. Scheppernde Nachtspeicherheizungen. Lärmende Nachbarn im Treppenhaus. Eine Katze, die bevorzugt auf meine

Schmutzfangmatte pinkelte, bis sie unter die Räder kam. Meine Mutter drängt auf den Kauf einer Wohnung in Berlin, sie hält mich für einen heimlichen Millionär.

Freunde raten mir, statt der verhirnten Bücher einen Bestseller zu schreiben, dann wäre Schluss mit der Mühsal. Der Lohnpoet würde endlich im Geld schwimmen und auf Lebensverzicht verzichten. Bestimmt zöge ich dann in eine Villa am Wasser, stiege auf zum seriösen Bürger, wiese mich aus als ein Schriftsteller, der geliebt und gelesen wird.

Identität ist Häuslichkeit, sie bedingt eine Einrichtung aus schwerem Mobiliar und kleinem Kram. Ich bin glücklich, denn ich lebe in den Verhältnissen, die ich verdiene. Ich habe einen großen Vorrat an Schreib- und Korrekturbändern angelegt. Mein Kühlschrank ist wie bei allen alleinstehenden Männern in den besten Zeiten halbvoll. Ich finde zu meiner Freude eine Tüte haltbare Milch, weiße den Kaffee, reiße weitere Briefe auf: Herr Zaimoglu, Sie sind ein übler Schmierfink. Was haben Sie sich gedacht, als Sie dieses stinkende Buch geschrieben haben?… Herr Zaimoglu, ich sah Sie in einer Literatursendung in einem Nischenprogramm kurz nach Mitternacht. Ich bin sicher, Sie haben ein ernsthaftes Drogenproblem, davon zeugen die dunklen Augenringe… Herr Zaimoglu, ich habe noch keins Ihrer Bücher gelesen, ich habe es auch in Zukunft nicht vor. Sie haben Ihren Beruf verfehlt…

Ich öffne einen unfrankierten Brief, überfliege die Zeilen. Alesja, die irre Kasachin, schreibt vom Schreiben: Es sei beengend, bedrängend, luftabschnürend, eine einzige Überlastung. Mein Doppelgänger in ihrer Geschichte gehe auf Geisterjagd. Im früheren Leben habe er sich dem Glauben genähert wie einem hässlichen Kunstobjekt. Nun, da er das baldige Ende ahnte, suchte er nach einer Frau, die ihm beim Sterben die Hand hält. Würde ich Alesja den Gefallen tun, zu sterben? Bestimmt nicht. In ihrem Freundeskreis gäbe es keinen sterbenskranken oder todessüchtigen Mann. Sie bittet mich um einen Rat, von Kollege zu Kollegin, ich solle mit ihrem Boten Serjoscha sprechen. Ich denke: Bin ich ein Magnet für die Irren? Muss ich einen Anwalt einschalten?

Wenig später steht der Russe in der Tür, ich verwehre ihm den Einlass, ich teile ihm mit, dass ich bei dem nächsten Wahnsinnsschub seiner Schwester harte Maßnahmen ergreifen werde. Große Worte, sie wirken.

Der unbedarfte Bürger unserer Zeit, viertelgebildet, von den Medien zum Mitmachen ermuntert, wählt die sanfte Enthemmung: Er glaubt, er sei ein origineller Mensch. Er telefoniert laut im Zugabteil, auf der Straße, im Lokal. Er äußert sich ungefragt politisch, er hört nicht zu, er mischt sich ein. Kaum stellt die Kellnerin die dampfende Schüssel auf seinen Tisch, zückt er sein Mobiltelefon, knipst ein Foto, verschickt das Bild an recht desinteressierte Bekannte. Die Frauen reden in der Öffentlichkeit über Binden und Windeln, über Verstopfung und andere Darmprobleme. Die Männer geben im Restaurant einen besonders gelungenen Stuhlgang bekannt. Sie sprechen über ihr Haus, über die Reparatur im Haus, über den Hausanschluss, über den Hausaufsatz der Tochter, über die häuslichen Pflichten der Hausfrau, die Hausarbeit, das Haushaltungsbuch, das Hausgerät, über den kastrierten Haushund, die Hausordnung, über die Hausschlachtung des Nachbarn, über den halbjährlichen Hausputz, die Hausratsversicherung, über die schöne Häuslichkeit.

Aller Grund außerhalb des Hauses ist Feindesland. Man duldet nicht Wildwuchs noch Wildnis, die Ordnungsliebe des entfesselten Bürgers ist zum Fürchten. Er wohnt im Kastenhaus, und verstaut alles in Kästen und Kisten. Er liebt Denkmäler und Erinnerungsstätten, er erstarrt in Tempeln, die mit goldenem und vergoldetem Nippes vollgestellt sind. Rauschhaft ist er bei Besäufnissen, erfüllt bei Büchern mit geringem geistigen Wert. Er bescheinigt nur jenen Politikern Charakter, die ihm schmeicheln. Architekten und Inneneinrichter hält er sich vom Leib, er ist der perfekte Heimwerker, diese Leute sollen nicht fachmännisch tun.

Ich bin ein gemäßigter Eskapist, ich fliehe den Lärm der Meute, ich fliehe in meine Geschichte auf dem Papier. Die im Sturm entwurzelte Tanne im Hinterhof wird zersägt. Zwei im Suff lallende Halunken wollen sich um eine Frau blutig schlagen. Sie steht in einigem Abstand, nimmt gelegentlich einen Schluck aus der Bierdose, feuert die Rüpel an. Nach vier Faustschlägen reißt der Sieger die Arme hoch, er aber geht leer aus: Säufer und Säuferin geraten in Streit, es geht wohl um einen abwesenden dritten Kerl, den sie gleich aufsuchen will. Karl brüllt ihnen von der anderen Straßenseite zu, dass sie verschwinden sollen.

Der Besiegte und der Sieger, sie starren hinüber, sie sehen einen Hünen, dessen linke Gesichtshälfte tätowiert ist. Sie schnallen sich die Rucksäcke über und ziehen weiter, wahrscheinlich zum Bahnhofsvorplatz, dem Treffpunkt der Kiffer und Schnapser.

Karl und Veit warten am toten Kiosk, die irre Russlanddeutsche küsst Veit auf den Mund. Zu mir sagt sie: Du bist raus, Poet. Du machst keine gute Figur, ich habe dich gestrichen. Veit ist mein neuer Held... Die Kellnerin am Fenster, er hat sie aufgegeben, Alesja winkt mit Liebesglut. Hat sie ihren Freund verlassen, weil er nicht in seinem entseelten Doppelgänger aufgehen wollte? Hat er sich getrennt, weil ihn die Gerüchte zermürbten? Veit, das dumme Kalb, ist in sie vernarrt. Er wird für den kurzen Rausch büßen.

Wer bin ich, dass ich ihm die Laune vermiese, ich halte meinen Mund. Lauert ihr Bruder in der Nähe? Verweigert er Botengänge, da man ihn der Kuppelei verdächtigt?

Es fängt an zu schneien, Karl schiebt die Kapuze über den Kopf, zerdrückt den leeren Pappbecher, eilt zum Supermarkt. Er hat mir erklärt, dass WC-Nachfüllkartuschen im Angebot sind. Löslicher Kaffee im großen Glas ist sechzig Cent teurer geworden. Basiswissen der Zivilisten.

Wir reißen die Augen auf, dass uns auch ja nichts entgehe, wir laufen durch die Straßen unseres Viertels und entdecken: Neue Häuser für reiche Bürger. Noch können wir uns halten in unseren kleinen Stuben. Noch sind wir gut verschanzt, doch wir wissen: Wir sind Männer von gestern, die gestrigen rauhen Kerle, denen man einen Bankraub zutraut. Alesja leitet unseren Übergang in die erfundene Welt, sie entseelt den Leib, überführt die entleibte Seele in eine krude Geschichte.

Ich lasse den Liebenden und die zum Schein Liebende allein, setze mich zu Hause an die Schreibmaschine. Meine Schwester schickt mir ein Bild, das sie angelegt hat: Frauen mit Wolfsköpfen, heulend in der Nacht. Ich rufe sie an, sie sagt: Es gefällt dir? Das ist gut. Ein wildes Jahr, ich lebe auf, Schluss mit sanfter Malerei… Ich denke: Es stimmt, man will uns besänftigen. Der beruhigte Zivilist kümmert sich nur noch um seinen Kram, er wähnt sich frei und unbändig. Ich denke: Wir sind die Leute in den Häusern, vielleicht sollten wir trauern.

Ich spanne ein Blatt in die Walze und schreibe: Der Wind braust durch die Häuserschlucht.

# Kein Ende

Donnerstag, neun Uhr vierzehn, Arbeit am Tausendseiter abgeschlossen. Ich starre auf die letzte Zeile, auf den Punkt am Satzende, auf den Doppelabsatz, und auf das Wort, das ich in Großbuchstaben getippt habe: ENDE. Ziehe das Blatt aus der Walze, suche und finde Tippfehler, berichtige. Wische die Tasten der Schreibmaschine sauber, greife mir an die Stirn: Kein Fieber, keine Aufwallung, kein erstickter Jubelschrei. Arbeit getan, gut. Belohne dich für die zweieinhalb Jahre, die du an diesem Buch gesessen hast, freu' dich, verdammt noch mal. Ja. Rauche drei Zigaretten hintereinander, lehne mich auf dem Sofa zurück. Komme mir vor wie ein schlechter Schauspieler.

Male am Bild weiter: Eine Frau in der Winternacht, sie hat sich abgewandt, ihre Schulter ist ein Fleischnest, Krähenjunge sperren die Schnäbel auf, schnappen nach Schneeflocken.

Vier Stunden später. Harter Nacken, knackender Rücken. Gehe essen. Rühre Muschelnudeln in die Sahnesoße, glotze auf die dünnen Champignonscheiben, die oben an der Schüssel kleben. Wer einen Anstandsrest übrig lässt, ist verkommen. Also esse ich alles auf.

Anruf Mutter aus Ankara: Neuerdings wird Asphaltsteuer erhoben, Stadt bessert die Straßen, jeder Wohnungseigentümer muss bezahlen. Sie sagt: Ich liebe mein Land. Aber was ist hier eigentlich los? Ich sage: Nix. Dann sage ich: Roman fertig. Gottes Segen darauf, ruft sie, freust du dich? Ja, sehr.

Anruf Schwester: Arsch ihrer Hündin wird dauernd von Rüden beschnüffelt. Sie war mit ihr im Park, die Hündin knurrt die Rüden weg. Wir sprechen über Bilder. Sie malt an einem strahlenden Frauenkopf, Umriss und Hintergrund sind gesetzt, sie wischt gemischtes Glutgelb mit der Handkante von rechts nach links, von Rand zu Rand. Schöne Worte, die sie spricht, ich bin begeistert. Und der Roman? Fertig. Schön, sagt sie, nur nicht abkühlen, die Geschichte muss weitergehen. Nur nicht rasten, nur nicht komisch werden. Räume auf, finde verlassene Spinnweben in uneinsehbaren Winkeln der Wohnung.

Anruf Kumpel: Die Verlobte hat sich nicht getraut, hat ihn verlassen, ihr Abschiedsbrief ist eine Klageschrift. Wer hat Schuld? Ich, sagt er, ich ich ich. Schluchzender Tölpel, denke ich, was vergaffst du dich auch in eine kuhäugige Exotin? Ich sage: Bist ein Depp, die öde Hupe hat dich ausgenommen, die Tante konnte nicht mal deinen Namen richtig schreiben… Wir sprechen darüber, ob der gemeinhinnige Ausländer ohne Geschrei und Gefuchtel auskommen kann. Kumpel nennt mich einen bekloppten Reichsbürger und legt auf.

Stehe später im Supermarkt vor den Regalen mit den Haushaltshilfsartikeln. Entscheide mich für: Vier Packungen Allzwecktücher, zwei Packungen Fliesenfeuchttücher, zwei Flaschen Essig-Kalklöse-Essenz, eine Flasche Soda-Fettlösemittel, eine Sprühflasche Edelstahlreiniger, Multifettlöser, Ultraglanz-Kraftreiniger, Rohrfrei sofort,

Antikalk-Schutz, Staubmagnettücher. Die Kassiererin glotzt. Fragt sich: Ist das eine Sau, die einmal im Jahr die Stube sauber macht? Ist das der Panikkauf eines Junggesellen vor dem Besuch der Mutter? Ich sage leise: Ich schraub' die Flaschen auf, schnüffele daran, dann geht's mir gu... Der Scherz kommt nicht gut an, ich stopfe alles in die Tüten, wünsche ihr guten Resttag. Ihr Restgeld, sagt sie kalt.

Anruf auf dem Heimweg, ich stelle die Tüten ab, werde angehupt, weiche fünf Schritte zur Seite. Bin auf dem Discounterparkplatz, brülle ich in den Hörer, wer ist da? Stille. Wer ist da? Kumpel sagt: Nimm das zurück. Sie ist keine öde Hupe... Doch, ist sie... Kumpel kündigt mir die Freundschaft.

Hunde junger Säufer bellen den frisch geföhnten Königspudel einer Dame an. Dame lehnt Schluck aus der Pulle ab, redet aber mit den zerrupften Jungs über Entwurmung.

Anruf guter Kumpel: Schreib' doch einfach weiter... Ja. Zu Hause starre ich auf die letzte Seite des Romans. Ich streiche das letzte Wort. Kein Ende.

# Heimatkunde für alle

1

Die rauen Kerle von der Müllabfuhr stehen beim Metzger Schlange: Klops mit Senf auf Stulle, Fleisch ohne Knorpel, gutes Mastfutter. Die Oma wird vorgelassen, sie lobt die Manieren der Männer; früher, als noch geschossen wurde im Russenland, da wo unsere Soldaten Blitzkriege führten, da hat man gewusst, die Dame hat Vortritt. Nun ist aber seit langem Schluss mit der Galanterie, weil jetzt macht man die Moslems fett, die kommen her, es schwappt so was von schlimm rüber, die Negermuselmanen werden noch ein Stück Land abbeißen, so wie's der Russe getan hat mit Königsberg. Der Metzger sagt: Ist gut, hier hab ich die zehn Scheiben Cervelatwurst, ich hab nicht ewig Zeit …

Aufstand im Viertel, Deutschsein heute ist möglich, und wie aber umgehen mit den Syrern im Heim? Die sind alle still und brav, und wenn man es ihnen erlaubt, arbeiten sie wie die Teufel, da kann man nicht meckern.

Die Nazis von der Platte an der Autobahnausfahrt sind stinkescheiße, öde Hupen, die können nur saufen und schlagen. Was nach Hippie und Hipster aussieht, das nennen die Knaller arischen Widerstand. Endsieg heißt Endsuff, Endlösung ist Ende wegen Leberzirrhose.

Manni war mal auf 'ner Deutschlanddemo, er wählt Pegida, er geht zwar nicht wählen, aber er zieht mit, wenn man 'n starken Arm zur Fremdenabwehr braucht.

Das soll heißen? Manni, unzensiert: Die Oma meint doch, zu viel ist zu viel, die kann nachts nicht auf die Straße, da hat sie Angst vor. Als ich wegen der Demo in Neumünster war, sind die Zecken aufmarschiert, nicht alles kriminelle Kanaken, aber ein paar waren schon mit dabei. Da hab ich gedacht, die haben mir gar nix zu befehlen, ich mach in mei'm Land, was mir passt...

Ich gelte für ihn als eine andere Sorte, als Edelnougat, hätte er was zu entscheiden, würde er mir eine Verdienstspange anstecken wegen guter Führung.

Ein Müllmann hat sich beim hastigen Futtern verbissen, Blut auf der Lippe, Blut am Kinn, der Metzger reicht ihm eine Serviette. Manni grinst und wird angeschnauzt, zwei massige Kerle stehen sich Kopf an Kopf gegenüber, das haben sie sich von Fußballspielern abgeschaut. Ich spiele den Friedensrichter.

Die Oma hat die Wurst in der knittrigen Tüte verstaut, und weil aber beim Metzger immer was los ist, stellt sie sich oft an den Beistelltisch und gafft, jetzt sagt sie: Junger Mann, lassen sie nur, früher gab's tolle Prügeleien... Sie bekommt einen Verweis vom Metzger, sie soll nicht rumspinnen.

Oma läuft Amok: Sie verteilt die Cervelatscheiben auf dem Boden. Frau Metzgerin führt sie, ihre Schulter tätschelnd, vor die Tür, ich ahne eine nationale Ansprache, folge ihnen ohne Frikadelle. Oma legt los: Der Jud steckt dahinter, und der Türk sowieso, es wird noch geschehen, dass ein Negerhäuptling Kanzler wird. Das Land verdirbt, die Wurst verdirbt, und wir müssen das hinnehmen. Wenn mein Mann noch leben tät, hätt er dem Metzger mit einem Donnerschlag ins Gesicht die Laune verdorben.

An dieser Stelle mischt sich ein Afrodeutscher ein, – hat er auf sein Stichwort gewartet? Er sagt: Ich bin deutsch und helfe ihnen gern über die Straße… Und was passiert? Oma geht rein, kommt raus, schenkt ihm eine Frikadelle. Was ist das jetzt?, denke ich, wollen die mich veräppeln? Manni mutmaßt: Das sind großmütterliche Gefühle!

Omas Schmutz bleibt Schmutz, trotz der fehlgeleiteten Enkelliebe.

Viele nette Bekloppte in meinem Viertel, auch ich bin nicht ganz sauber, die Deutschlandfahne hängt bei mir am Fenster, hoch lebe die Monokultur im Fußball! Affekte im Niedriggeistsektor, unteres Niveau und Unterschicht, das passt wie der Arsch auf den Eimer.

Die Metzgerin ist noch stinkig wegen Omas Gewaltandrohung, sie knüppelt zurück mit Worten: Mein Mann hätt' dein Mann, wenn der noch leben tät, in die Stiefel gestellt!

Der Afrodeutsche Richi, Manni und ich verziehen uns zum Schützenpark, die Säufer haben die Bänke im Schatten belegt, sie reichen uns Pullen, wir lehnen ab, wir schwitzen uns halbtot. Richi und Manni reden über unschwule Deos, ich sehe Kötern beim Kacken zu. In der Hitze gärt das Tier und gärt der Dung.

Ich geh nach Hause, glotz die Fahne an. Duschen für Deutschland.

## 2

Putschisten, Axtmörder, Sektenjünglinge im Wahn, am Arsch, Schluss damit: Ich verabschiede mich von der kranken Welt, ich will privat bekloppt sein.

Nach einem Telefongespräch mit meiner Mutter ruf ich bei Kumpel Stefan an, ich sage: Ein Dampfreiniger deutscher Bauart, das fehlt mir zu meinem Glück, bestellst du ihn für mich, bitte? Er bestellt das Gerät, zwei Tage später wird das schöne Stück geliefert. Ich lese alle einundzwanzig Seiten der Gebrauchsanweisung, ich erfahre: Der 130°C heiße Dampf wird zu den Düsen am Dampfschuh geleitet und auf die zu behandelnde Oberfläche aufgebracht. Die am Dampfschuh angebrachten Mikrofasertücher nehmen den ungelösten Schmutz auf. Schön. Ich beginne mit der Montage. Erstens: Ich montiere den Handgriff an das Teleskoprohr und fixiere ihn mit der Schraube (4 x 28 mm). Zweitens: Ich montiere das Teleskoprohr mit dem Handgriff am Dampfgerät und fixiere diese mit der Schraube (6 x 40 mm). Dauert verdammte zehn Minuten, es klappt. Drittens: Ich stecke den Dampfschuh auf das Dampfgerät und fixiere diesen mit der Schraube (4 x 6 mm). Viertens: Ich nehme das Mikrofasertuch meiner Wahl (blau, genoppt) und befestige es mittels Klettverschluss am Dampfschuh. Fünftens: Ich befestige die Netzschlussleitung am Kabelclip unter dem Handgriff. Sechstens: Ich öffne den Klemmhebel, ziehe das Teleskoprohr auf die gewünschte Länge heraus und arretiere es wieder mit dem Klemmhebel.

Dann geht's los, nein falsch, ich fülle den Wassertank bis zum Eichstrich, drücke den Stecker in die Steckdose, die Betriebsanzeige leuchtet rot auf. Ich wähle die Dampfstufe zwei, das Gerät schüttert wegen der Dampfstöße, höllisch viel Dampf quillt aus den Düsen, ich lege los, der Boden glänzt, ich bin schweißgebadet und freue mich: Kleiner Sieg in der Kammer.

Die Telefone schrillen, eine Sau läuft Amok, erschießt Frauen und Männer und entsorgt sich dann selbst. In die Hölle mit dir, denke ich. Hölle ist das Stichwort: Ich spanne das dritte Papier des Tages ein und schreibe weiter an meinem Lutherroman. Was ist nicht nichtdeutsch? Das gute Gerät. Der fromme grobsächsische Luther. Bald werden sie ihn feiern, und wie es sich eben mit Feierstunden und Jubiläen so verhält, wird man alles verkitschen. Heute schon gibt man zu: Ja, der gute Mann war nicht maßvoll, er wurde oft hitzig. Ja, der gute Mann mochte keine Juden, Türken, Zigeuner, und ja, den Papst hat er den Antichristen geschimpft. Lasst uns vergessen und beten. Blödes Zeugs, die entbehrlichen Matschköppe der Kirchen werden ganz toll ökumenisch fiebern.

Zurück zum Roman, Schnauze halten und schreiben.

Frühnachmittagspause bei Marek, dem begnadeten Polen, dem gesegneten Grillmeister von Fleisch am Spieß. Ein Hipster mit Knolle auf'm Kopp sagt: Ist schon schlimm, was da passiert, oder? Jetzt könnte irgendein Arsch über die Kreuzung kommen und uns wegballern, oder? Wir futtern hier friedlich, und dann Bamm, und nochmal Bammbamm, oder? Scheiße, oder?

Ich grübele darüber, ob ich es wagen soll, mit dem Gerät auf dritter Dampfstufe volle Kanone über die Böden zu kacheln. Wird dann der Dampfschuh zerkochen? Wird das Holz splittern? Und was ist mit Luther? Ist der verketzerte Mönch nicht selbst zum Ketzer geworden, später, als er im Schatten des Kurfürsten dick und feist wurde?

Der Hipster sagt: Hast du nicht gehört? Machst du dir keine Sorgen? Hast du keine Angst? Ich steh' nicht mehr mit vielen Leuten an der Bushaltestelle, oder? Da lock' ich doch die Irren an… Ein Mittvierziger, Marke Armabreißer, sagt, er soll das Maul halten und das geile Zeug von Marek schaufeln. Der Hipster hat Sojasprossen und Hähnchenstücke auf dem Teller, er stochert darin herum. Gerät und Gebet sind nicht nichtdeutsch, der Knollenknaller kann mich mal. Er sieht aus wie ein Spürhund, er ist auf der Suche nach Drogengaunern, Ethno-Hooligans, Genderbestien und Bamberger Radikalen in der Kieler Südstadt. Der Mittvierziger trommelt auf den satten prallen Bauch. Marek knetet Fleisch an den Spieß.

Ich entscheide mich gegen Experimente: Bei bestimmungswidriger Benutzung droht Fehlfunktion. Ich lass das Fleisch einpacken, warte an der Ampel, bis grün kommt, und gehe dann über die Straße.

3

Der sechste Platzregen am Kieler Sonntag, ich steh wie ein böser Geist am Fenster und blick auf schokoeisessende Studenten, vom bloßen Gaffen erlahmt der Geist, ich räum den Posten, stürm mit schwerem Müll hinunter auf den Hinterhof, hebe den Deckel des Altpapiercontainers, mit dem Rücken obenauf liegt eine aufgeklappte leere Plastikhülle. Ich sehe: Nackte Frauen in Hundestellung. Ich sehe: Gespielte Verzückung und Entrückung in den Gesichtern. Ich lese: Der Lohn der Emanzipation. Blutjunge Biester christlich in den Po gesext.

Der Wind schlägt den Deckel zu, ich steh wie ein Pony im Regen und blinzele mir das Wasser aus den Augen. Was war das? Mein Altpapier stopf ich in die große Mülltonne, spähe nach Kumpels mit einem Sinn für Prollhumor. Nach einigen Minuten habe ich es satt, mich nass regnen zu lassen, zurück in die Stube.

Die Wohnung ist eine Ruine, überall Schutt und Mörtelbrocken in kleinen und großen Säcken, Regale und Möbel sind mit Planen bedeckt, Christo für Arme. Exorzismus, denke ich, perverser Scheiß, wer steckt dahinter? Drehen übel verdrehte Sektenjünger einen Porno als Lehr- und Wehrmaterial? Was wollen sie der Welt mitteilen? Wir schnappen Ketzerhexen, die mit ihrem Afterloch Mücken fangen, wir reißen ihnen wie die Dominikaner im Mittelalter die Kleider vom Leib, wir hetzen schnurrbärtige Schergen auf das Gezücht des Teufels, wir strafen sie, weil sie sich vom wahren Glauben und von unserer Kirche emanzipiert haben. Unwahrscheinlich.

Aber: Die Welt gehört den Irren. Eine Stunde später werde ich darin bestärkt: Ein gewisser Mathies stellt sich mir vor dem Spätkauf als interessierter Laie vor. In was interessiert? In dies und das, vor allem in jenes. Ich sage: Wollen Sie mich verarschen? Will er nicht. Er liest keine Bücher, er liest nur die BILD, er ist sehr besorgt wegen der vielen Muffmuffen und Hackmacken, die Halbmondäffchen, nein, - fähnchen schwenken, in Köln und Berlin, er könnt' auf der Stelle mir das Zwiebelmettbrötchen vor die Schuhe kotzen, aber er hätte zwofünfundneunzig fürs Scheißbrötchen ausgegeben, und würde er kotzen, müsste er schon wieder zwofünfundneunzig auf die Münzschale legen.

Aha, sage ich, dann kotzen Sie eben nicht. Er verstellt mir den Weg und erklärt: Das ist nicht das Problem, was denken Sie über ihre Landsmannschaft? Ich täusche rechts vor und springe zur linken Seite, ich versuche, mir im Laufen eine Zigarette anzustecken und donnere gegen eine kleine Plastiktonne an der Ecke. Der Müllmann wiehert, der eisschleckende Student wiehert.

Später stehe ich am Robbenbecken und denke nach: Den Pornofilm haben keine Sektenknaller mit Loch im Kopf gedreht. Irgendein Texterwilli hat sich den Titel ausgedacht. Ich komme zu folgendem Schluss: Wer sich darüber den Kopf zerbricht, ist bescheuert. Mein Schädel gärt, die Robben schwimmen unter Wasser und tauchen nicht auf, ich laufe zum Hauptbahnhof, in dem es auch am Sonntag von Menschen wimmelt. Ich bin ein Irrenmagnet, natürlich findet mich der zweite Irre am Ständer mit Kieler Ansichtskarten: Hans, das ist mein solider deutscher Name, ich kenne Sie, Sie kennen mich nicht, ich hätte da eine Frage und eine zweite, die erste lautet:

Haben Sie eine Putzfrau?, und die zweite hinterher: Würden Sie mir die Telefonnummer von der Dame geben? Ich sage: Nein zur ersten und Nein zur zweiten Frage. Dritte Frage, Sie müssen sie mir aber nicht beantworten: Sind Sie mit dem Fußballer Özil verwandt? Der hat auch solche Glubschbrocken wie Sie. Ich sage: Nein und Tschüss.

Nachts in der ruinierten Mietwohnung, Möpse kläffen im Treppenhaus, ich starre auf die Filzhausschuhe mit Klettverschluss, ich stecke den großen Onkel durch das große Mottenloch, dann starre ich auf den Zeh, der aussieht wie ein polierter Gnomkopf. Heftiger Platzregen. Möpsegekläff auf der Straße.

Ich könnte lesen. Ich könnte schreiben. Ich könnte erst duschen, dann lesen oder schreiben. Erst breche ich eine Kante von der Riegelschokolade. Dann lösche ich die Lichter und schließe die Augen. Ich muss mir für den Roman, an dem ich schreibe, vorstellen, wie es ist, blind zu sein. Ich mache den ersten Schritt in der Ruine.

# Neues Jahr im Regen

Am fünften Tag des neuen Jahres glotzt Hartmut auf den Friedhof der abgelegten Tannen und sagt: Ich schenk' dem Russen unseren Osten... Ein Rentner schleift eine Fichte im Netz hinter sich her, wirft sie auf den Haufen. Er stimmt Hartmut zu: Früher gaben wir den Pfaffen unseren Zehnten, heute dem Bolschewistenpack. Zwei brunzblöde Westler meckern darüber, dass die von dort drüben nur maulen. Hier im wahren Deutschland ist man anständig geblieben. Ist mit dem Ami ins Bett gegangen, musste als sein Liebchen Strapsen tragen, was blieb einem übrig, der Besatzer hätte einen sonst zerschmettert. Aber mit den Kommunisten hat man nicht angebändelt, da war Gott davor. Jetzt füttert man die rote Brut, und statt dass die Schweine dankbar grunzen, fressen sie einem auch noch den Notpfennig weg...

Hartmut ist kurz davor, seinen schnapswehen Kopf auf des Rentners Schulter zu legen, der Alte versteht ihn, der Alte strahlt ihn an: Hartmut ist die strahlende Zukunft Deutschlands, er wird im Grab sanft ruhen.

Ich trotte zum polnischen Uhrmacher, ein guter Mann, neues Uhrwerk, die Uhr läuft wieder, ich bin glücklich. Wir reden über Politik. Merkel, Gauck, zwei Ostdeutsche, keine duften Werbeträger, man könnte heulen über ihre Einfalt, man hat Besseres zu tun, also heult man nicht. Der Uhrmacher lauscht meinem Impulsreferat, er entlässt mich mit dem Hinweis, er habe die Uhren vieler braver Bürger zu reparieren.

Ein Nazi vom Hochhaus an der Autobahnausfahrt starrt auf meine schwarzen Winterstiefel, starrt auf mein Gesicht, schlägt mich den Volksgenossen zu. Hitler, Himmler, Goebbels, keine arischen Spitzenzüchtungen. Der Nazi hat gelernt, dass es auch Arier mit braunen Augen und Haaren gibt. Ich stelle mich ihm als Friedrich Zickmock vor, er ist wegen des Nachnamens verwirrt. Ich sage: Die Vorväter meines Vaters waren Hugenotten… Hugenotte klingt verdächtig nach Kanake, ich kann ihn beruhigen: Nein, die Hugenotten waren ein germanischer Stamm, den es über die Walachei nach Tibet verschlug. Dort blieben sie achtundzwanzig Jahre, dann kamen sie um vor Heimweh, sie schlossen sich dem Kreuzzugsheer von Prinz Dschingis von Habemus-Korinthen an, sie schlugen sich derart tapfer, dass der Fürst ihnen Lothringen überließ, das entspricht dem heutigen Königsberg samt Umland…

Der Nazi gibt mir die Hand. Er heißt Ino, nicht Ingo, ich habe mich nicht verhört. Ino kommt aus der Niederlausitz, eigentlich kommt seine Mutter von dort, er ist in Kiel geboren, und aber mit den Geschichten aus der alten Heimat aufgewachsen. Heldenstadt Dresden, der nationale Widerstand macht mobil, ist das nicht toll? Nö, denke ich, ist Scheiße. Und wieso fällst du, Ino, nicht unglücklich hin und schlägst dir an der Bordsteinkante eine Delle in die Rübe?

Auch ohne Loch leckt Ino, er träumt von der großen Erhebung, von Straßen voller Bannerträger, von Mädchen, die sich von rasseneigenen Buben begatten lassen. Das ist das Stichwort für Moni, Skinmädel mit Knabenarsch, es wankt aus dem Discounter heraus, saugt an Inos Lippen, glotzt mich an und fragt, wieso ich glotzen würde. Das ist Zicki, sagt Ino, ein Kamerad. Wir sprechen über die Tannen, das Kaiserwetter, über Monis Einkäufe: Batikjeans mit angenähten Pailletten, vier Plastikgläser mit blauem Trinkrand, Schoko-Banane-Riegel. Moni will in den Osten, zu viele Neger hier im Norden, dort will sie gebären. Arische Harmonie: Nazikolonisten besiedeln Niederlausitzer Prärie, türmen leere Bierdosen zu einem Kinderhügel, decken ihn mit Erde zu, besingen am Hünengrab längst verrottete Germanen. Die Recken halten brennende Pechfackeln in Händen und schielen übelgelaunt zum Himmel hoch. Es regnet in Strömen.

# Der König ist nackt

Ich ging ins Museum und beschaute die Bilder der Ausstellung. Es hingen an den Wänden nicht die Leichen der Avantgardisten, es hingen die großen Schinken von Baselitz, von dem es heißt, er sei ein bedeutender deutscher Maler. Jedes Mal, wenn ich vor einer Leinwand stehenblieb, wurde mir schlecht. Ich sah kopfüber aufgeknüpfte Luftsäcke, Dreiviertelporträts, gesudelt und bespritzt, aus der Tube gefurzte Ölfarben, dick und doof aufgespachtelt. Titel: Ohne Titel. Noch nie habe ich so viele Frauen, Männer und Kinder gesehen, die den Kopf zur Seite neigten.

Eine Kuratorin mit Kokolores-Brustbehang sprach auf ein junges Mädchen ein. Ihre zur Avantgardeandacht verdonnerte Tochter? Wahrscheinlich wurde sie beschimpft, weil sie gesagt hatte: Das da ist Schwindel, das da ist von Kritikern hoch geschwätzter Unsinn!

Ich kann alle meine Finger in regennasse Erde stecken, Schlieren und Schleifen auf Nessel schmieren bei einem Happening für zehn Knaller mit Hut, ich kann die Bilder vor ihren Augen mit angedicktem Kirschsaft durch meine Zahnlücke bespucken, ich kann das Werk betiteln mit ‚Weibes Weltschmerz'. Sie werden ein Lobgejodel auf mich anstimmen ...

Ich zog weiter in den nächsten Saal, ich schaute auf drei Bilder im Angeberformat, pechschwarz übermalte Krustenlandschaften, der Meister macht's nicht unter fünf mal vierneunzig, dachte ich, Museen haben große Wände und hohe Decken. Es folgte mir eine Dame im Kostüm, die Wärterin, ich versuchte einen Kopfstand, der misslang mir, ich donnerte auf die Flanke, sie musste wider Willen kichern.

Ich setzte mich hin mit dem Rücken zu der Kunst, die mehr sein wollte, als sie war, vorgestern modisch, heute hässliche Tapete, und ich dachte nach über die simulierte Verrücktheit der mürben Wilden, der bekloppten Amateure: Der Kritiker, ein Theoriekatapult, stürzte sich auf das neue Gemüse und befand es als genießbar. Zehn Knaller mit Hut warfen die Hüte in die Luft und standen ohne Hut da – als Liebhaber der schwierigen Kunst. Auch hier und jetzt glotzten sie auf die verweste Avantgarde, doch der Unsinn entzückte sie nicht, der Unsinn war bloßer Wandbehang, die Hüte blieben auf den Glatzen, auf den Perücken, auf frisiertem Haar.

Ein anderer großer deutscher Künstler, ein Blender, ein Meister des Krempels: Beuys. Schwätzte sich heiser, raunte anthroposophischen Mist, schrieb Zeichen der Debilität auf die Kreidetafel. Fett und Filz, die Ökospießer waren angetan, das Feuilleton bebte.

Ich misstraue jedem Fremdwort, ich missachte die Priester der Deutung, und ich hofiere aber nicht die Bilderstürmer. Auch sie wollen nur anderer Leute Bilder abhängen, und dafür ihre eigenen Schinken zeigen in den Museen und Galerien.

Ich grübelte im Stehen, rutschte aus, die Wärterin hielt mich fest. Ich fragte: Verehrte Dame, was halten Sie von dem ganzen Quatsch? Sind Sie entzückt, dass Sie im

Glanze dieser Bildnisse stehen dürfen? Fehlen Ihnen die Worte? Kommen Sie fast um vor Lebenslust? … Sie aber neigte den Kopf und ich verstand: Der tiefere Sinn bliebe mir für immer verschlossen.

Ich lief im geduckten Galopp zum Ausgang, hielt inne, rieb mir die Augen. Ich war blind gewesen. Wie wird das Kind belohnt, das sagt: Der König ist nackt? Es bekommt eine Maulschelle. Ich legte schnell alle Kleider ab und wartete auf ein Kind, das auf mich zeigen würde.

# Irrgärten

In stockdunklen Irrgärten begab ich mich auf die Suche nach dem wahren Linken unserer Zeit. Ich hatte das Gerücht gehört, dass sich die Führer der invaliden Individuen in den Clubs und in den Museen versteckten. Dort fand ich nur Theorietraktate: Komplizierte verschachtelte Sätze in Kleinschreibung. Wer so etwas liest, bekommt einen Schaden, dachte ich, griff zur Taschenlampe, suchte nach dem Seminarmarxisten und fand ihn im Efeuversteck. Ich leuchtete ihn an, er begann zu sprechen: Ich habe mit meinesgleichen das Volk befreit für einige wenige glückliche Wochen. Nach einem Kneipenbesäufnis rieb ich mir den wehen Schädel, rieb ich mir die Augen, und ich erkannte: Dass wir Schmerzfreiheit nicht garantieren können; dass deshalb unsere sumpfigen Zechbrüder wieder durchs Werkstor strömen müssen. Ich aber bete für die Selbstauslöschung des Kapitalistenschweins.

Ich hörte Menschengebell und zog weiter, stieß auf eine Kadergenossin, eine Berliner Partisanin, nach vielen Bettschlachten zur Betschwester gereift. Einst glühte sie für Mao, das Schlitzohr mit dem Mundgeruch, heute lobt sie Putins Ordnungsliebe. Kaum dass sie mich sah, begann sie zu bellen: Hoch die …! Nieder die …! Machtmonopolisten haben sich verschworen! Deutsches Volk zerrinnt, unser Blut gerinnt! Wir sterben aus, die Horde gewinnt! Vereint mit den Russen gegen die niedrige Geburtenrate! Kondomverbot des Vatikans ist sinnvoll! Mehr deutsche

Kinder jetzt! Kastriert die Südländer! Hoch die Kader des Volkstums!

Ich wünschte ihr gute Heilung, lief ihr davon. Der Gründer der linksplebejischen Splitterpartei hatte sich in die Schatten verzogen. Die Befreiten aller Länder liebten ihn noch heute, er war Kammerdiener des Ministers a.D. gewesen, der Weltgeist verzieh solche Kinkerlitzchen. Im Schein meiner Taschenlampe strich er übers Anzugsjackett, ich stellte dem Überläufer Fragen, und als ich sein Hohngrinsen nicht länger ertrug, wollte ich ihm die Fresse polieren, im Namen der Gulag-Toten, im Namen der polnischen Offiziere, die man in den Kopf geschossen und in die Gräben getreten hatte. Im Namen der Opfer des roten Terrors. Im Namen der Bauern, der Uhrmacher, der Latrinenputzer, der Mägde, der geschändeten Frauen, im Namen der Gebeine, die tief im Grund zu Sedimenten verbacken waren.

Ich polierte ihm die Fresse, er drückte ein Taschentuch unter die Nase. Er hatte eine Erklärung vorbereitet und aufgeschrieben. Ich las: Die Theorieabteilung ist die Pest. Mit der blöden Schwärmerei der Freaks und Spontis habe ich nichts zu schaffen. Sie lehren die Verschmutzung als Lässigkeitsvollendung. Sie umstehen die Leiche suhrkamp, sie fressen die Theorie, sie fressen Leichenfleisch. Es zählt allein die Tatsache, nicht die Tat von Radikalen. Ein Berliner Kiffer ist links und linkisch. Im traurigen Verein der Versprengten war ich nie Mitglied. Ich hänge am Busen der Großen Mutter, sie zertritt die Zahmen und Bezähmten. Es lebe... das kommende Imperium...!

Ich wurde der Verschwörer wider die Verschwörung müde, ich lief lustlos im Irrgarten herum, leuchtete in die Hecken und stieß auf den wahren Linken, der die Faust zum Gruße ballte. Er war ein freundlicher junger Mann, er tarnte sich als Geist im Nebel von Klassenkämpferparolen. Nach dem ersten harten Wortgefecht schickte er mich weg, ich schuldete ihm keinen Gehorsam, also blieb ich. Keiner von den Ausgeglühten, dachte ich, er kommt zurecht mit dem bisschen, was er hat. Kein rotlackierter grüner Karrierist. Kein Jesuitenschüler. Kein breiig mümmelnder Evangele. Kein antideutscher Vollidiot. Kein Randalefuzzi. Ein wahrer Linker. Er sprach: Ich habe nichts zu sagen. Ich helfe, wo ich kann. Jeder Staat lügt …

Ich gab ihm die Taschenlampe, ich gab ihm alle Münzen aus meiner Hosentasche, ich gab ihm meine Uhr. Dann machte ich mich auf den Rückweg, ich wusste, ich würde mich verirren.

# Ratte am Sonntag

Ich sprach mit einer Ratte. Ihr Kopf steckte beim Restfraß im Staniol, blasses Licht der Straßenlampe fiel auf die Friedhofsmauer, sie fraß zuckend, und ich ekelte mich, ich schauderte. Sie hatte vergorenen Fraß im Magen, sie war besoffen, ich hätte schwören können, dass sie es war. Ratte, filziges Fell. Schluckauf. Der Sonntagsekel.

Ich sprach mit ihr, eine Ungeheuerlichkeit, eine Verrücktheit am Sonntag, da jeder glaubte, zur Belustigung laufen, joggen, einen Film bei der Videothek ausleihen oder junge Familie am Meer spielen zu müssen. Ich tat es nicht, ich war asozial, die Ratte gehörte zum Ungeziefer, da lag es nahe, mit der zufällig Bekannten zu sprechen. Ich sagte: Bist nicht menschenscheu, nagst am Menschenfraß, gut, dass hier keiner um diese Stunde vorbeikommt. Wenn mich die Leute sehen würden – was dann? Zaimoglu und die Ratte, fesches Gespann. Heute ist Ruhetag, doch die Leut', sie ruhen nicht. Bald gibt's Regen, Wolken hängen schwer am Himmel. Dein Schwanz peitscht nicht von einer Seite zur anderen, er liegt fast schnurgerade auf dem Pflaster, Filme lügen, Leben ist nicht echt im Film. Ich fürchte mich vor Spinnen und vor Getier deiner Art. Und trotzdem steh' ich Depp bei dir, schau' dir beim Fressen zu. Glaubt mir das irgendeiner?

Stubenfliegen wedele ich weg. Den Weberknecht im Bad, den habe ich so lange beschwätzt, bis er umzog. Ich finde manche tote Biene auf dem Fensterbrett, Anfang

Herbst. Eine Freundin von mir, die spinnt, sie fasst die Spinne am Bein, schleudert sie aus dem Fenster. So hat sie ihre Angst besiegt. Ich besieg' diese Angst nimmer.

Im letzten Monat, ich treffe einen Kollegen in Süddeutschland, er sagt zu mir: Wir Schreiber sind doch für die meisten nur Geschmeiß… Geschmeiß, da hast du es wieder. Ich wollt' dem Kollegen schon das Tränentüchlein reichen, doch da stürmte eine Kollegin auf uns zu. Sie weiß, dass sie schön ist. Sie weiß, dass sie gut schreibt. Kommende Frau, nicht mehr in den Anfängen, sie strahlt uns an. Und wir vergessen. Wir vergessen was? Die müffelnde Hotelbettwäsche. Den Kopfschmerz. Die unerbaulichen Abschiedsworte. Die dunklen Novembertage, in denen wir uns vorkommen wie gaffende Gänse im Regen. Wir vergessen augenblicklich alles Abfärbende, Dunkle, Schwarze und alles Vergilbte.

Der Kollege ist jetzt in der Stimmung, von seiner Ex-Frau zu sprechen. Jung, dramatisch, putzsüchtig. Was antworten, Ratte? Am besten nix.

Beim Vorlesen, wir werden vom jubelnden Volk auf Schultern getragen. Nein, das stimmt nicht: Man war's zufrieden. Kollege wieder trübsinnig, was erzählt er uns auch von seiner Ehefrau, der gewesenen? Soll ich ihm die kompliziert gefaltete Stoffserviette reichen? Er hat selber eine zum Tupfen und Wischen. Händeschütteln und Allesgutewünschen, dann geh' ich raus ins Leben.

Ich stand an einem Verkehrsschild, wartete auf das Taxi. Und da, und da, ich sah's, ich sah die Ratte. Dicker als du, blöder als du. Lief hin, lief her, als würd' ihr das

Fell brennen. Da schwieg ich, ich sprach nicht. Das Taxi kam, ich fuhr weg. Schlief schlecht, das Kissen roch nach ungewaschenem Kerl…

Du hast noch wenige Minuten, Ratte, ich seh' alte Leute mit Regenschirmen nahen, die werden dich scheuchen. Ein letztes noch. Sonntage sind gut, Sonntage sind schlecht. Die Hölle. Ich lauf' noch meinen Kreis um den Friedhof, auf keinen Fall einen zweiten. Dann mal' ich am Bild weiter. Titel eins: Im Traum wuchs ihr rechter Fuß. Titel zwei: Versunken. Zwei saublöde Titel, da lachen die Besucher der Galerie. Also, sie kommen, einen Happen hast du noch, dann aber ab in die Mauerfuge dort. Friss dich glücklich.

# Warten

Ich bin der Wandermönch in schwarzer Kutte. Ich steige ein, ich steige aus, ich steige ein. Neue Stadt, neues Glück, fast jeden Tag. Mal verderbe ich den Menschen mit meiner Lesung den Abend; mal lieben sie meine Stimme, und nicht aber mein Gesicht. Ich freue mich bei jedem Auftritt: Auf der Bühne bin ich mich los, ich muss nicht bekennen noch behaupten, ich fahre als Geist in die Hauptfigur meines Romans.

Reise in die Lessingstadt Kamenz in der Oberlausitz. Bin im Hotel Goldener Hirsch untergebracht, in dem Lessings Tauffeier stattfand. Trotte durch die Gassen, starre in die Schaufenster aufgegebener Krämerläden. Buttereinstrichpinsel aus DDR-Zeiten. Reliquien der Bolschewisten? Blödsinn. Volkes Handzeug. Die Zeit ist in Kamenz nicht stehengeblieben. Keiner regt sich auf über ausgestellten Krempel aus der Adenauer-Ära. Westalgie wird gelobt, die Leute kriegen feuchte Augen. War das doch schön damals. War nicht schön, ist überwunden, ist Geschichte.

Schöner Himmel über Kamenz. Bekomme zwei Papiertüten mit echten Pulsnitzer Pfefferkuchenspitzen geschenkt. Ich denke: Säet einer Gutes, so schneidet er nichts Böses, daran hält man sich hier. Ein weiteres Geschenk: Führung durch die Klosterkirche St. Annen. Ich staune die fünf spätgotischen Schnitzaltäre an. Wer war die Heilige Anna? Sie war dreimal verheiratet, mit Joachim,

Kleophas und Salomas. Aus der Ehe mit Joachim ging Maria hervor, die Mutter von Heiland Jesus.

In dieser Kirche halte ich am Abend eine Rede, der Titel lautet: Der Messias wird kommen. Brennende Worte, im Furor vorgetragen. Habe ich die Gefühle der Christenmenschen verletzt? Höflicher Applaus, gnädige Aufnahme, keine bösen Blicke. Ich sprach von der paulinischen Dichtkunst. Von der Verkehrung der Worte des Tagelöhners Joschua, der nicht lesen und schreiben konnte. Von seiner Überhöhung zum Weltenrichter durch die Priester. Ich erwarte ein theologisches Streitgespräch. Ich erwarte die Frage: Herr Muselman, was erfrechen Sie sich? Man fragt mich aber nach den Flüchtlingen. Theologie überlässt man den Theologen. Es ängstigt die Menschen nicht das kommende Gericht, nicht der Tag, da der Herr Schwefel regnen lässt auf die Häuser der Sünder. Sie fragen sich: Sind die Grenzen eingerissen? Werden wir überrannt und übermannt? Wer hört uns an und wer hört weg?

Nachts sitze ich auf dem Balkon und rauche. Die Kamenzer, sie sind gut, ich käme gern wieder hierher.

Nächster Tag: Streckensperrung wegen Unwetterschäden, Ersatzverkehr. Sehe im Bus einem jungen Mädchen beim unverhohlenen Popeln zu. Es wird getadelt, weil es den Popel durch den Bus schnipst. Kein Tumult.

Einen halben Tag später fahre ich die letzten hundert Kilometer der Strecke. Zwei fromme Frauen auf den Nebensitzen meckern über ihre kleingläubigen Männer: Sie schlafen sonntags aus, statt zum Gottesdienst mitzugehen. Die Frau mit dem roten breitkrempigen Filzhut bedauert sie, ihre Seelen würden vom Erzengel Michael gewogen und für zu leicht befunden werden. Die Frau ohne Hut bekreuzigt sich. Sie starrt mich an – hält sie mich für einen Dämon, der die große lange Zunge entrollt und ihr Gesicht mit Höllenseim benetzt? Nein. Die Damen haben über mich eine schmale Spalte auf der vorletzten Seite des Regionalblatts gelesen. Sie bitten mich um Auskunft über den Glauben der ‚Moselmänner'.

Bald reden wir über Heilands Ankunft. Ich sage: Darauf liegt ein Schleier… Mist, falsche Wortwahl, sie sind verwirrt. Ich biete ihnen echte Pulsnitzer Pfefferkuchenspitzen an. Dame mit Hut will wissen, ob es moslemisches Gebäck sei. Nach kurzem Zögern leert sie die Tüte. Wir einigen uns darauf, dass der Messias kommen wird. Sie sind enttäuscht darüber, dass sie mir keine genauen Angaben entlocken können.

Wir hoffen. Wir zünden Kerzen an, beten an Schreinen, rufen Fürsprecher an, machen Wallfahrten zu Heiligtümern. Wir hoffen. Glaube ist der helle Schatten der Seele. Er ist der dunkle Trieb. Kommt er oder kommt er nicht, wir ziehen am Rosenkranz. Und warten.

# Die Kämpfe gehen weiter

Besuch beim großen Dichter in der Heldenstadt Leipzig. Sitze im Garten des Gesindehauses, das er bezogen hat. Finken und Goldgelbkehlchen picken in die erstarrten Wachspfützen auf dem Tisch. An zwei Wäscheleinen hängen Hemden und Hosen. Dichter wendet Hähnchenspieße auf dem Grillrost. Wir reden über die Herrlichkeitsverächter unter den Kritikern. Was ist damit gemeint? Kritiker, die auf bürokratendeutsche Bücher setzen. Kritiker, die von Text und Theorie begeistert sind. Thema ermüdet. Wir reden über Pegida, Pippida, Pupsgaga. Thema ermüdet – Themenwechsel. Geld und Geldsorgen, wir brüllen: Wir schaffen das, die Kämpfe gehen weiter.

Nach und nach treffen die Gäste ein. Abendgesellschaft, Campingstühle, Tapeziertische, Scheite sind auf dem tönernen Feuerbecken aufgeschichtet. Knackige Ostdeutsche, und Schwaben, die es der Liebe wegen nach Ostdeutschland verschlagen hat. Später taucht ein Maler auf, wir kennen uns, wir klopfen einander ab. Wie geht's ihm? Schlecht. Er setzt die Pulle auf die Lippe, leert die Flasche in vier Zügen, schnauft auf und erzählt: Große Unruhe, ich bin der Künstler, der seine Kunst unterdrückt. Will ich Reicheleutetöchter in Porträtmalerei unterrichten? Ja, vielleicht, man soll Verdienstmöglichkeiten nicht abschlagen, aber die Kunst, ich kacke ab. Steh' im Küchendunst an der Staffelei und glotz blöde auf das angefangene Dingsbums, ich will epochales Zeugs hinterlassen und nicht Fingerfarbenmalerei. Vom vielen Unterrichten werd' ich hohl und leer. Ich bin der nordische Mann, der um Klärung und Läuterung ringt. Wahrscheinlich kannst du das nicht verstehen, du bist ja später dazugekommen, du hast dies Innenleben nicht …

Was hat er da gesagt? Der nordische Mann, das Ringen, das Innenleben? Der Maler, dick und breit, kommt nicht so leicht hoch, wenn er erst einmal sitzt. Er trinkt im Schnitt vier Flaschen Wein am Tag. Im wirklichen Leben nennt man einen solchen Menschen einen schweren Säufer. Er trägt einen Wildererhut mit umgeschlagener Krempe, er bedeckt damit nicht den Kopf, aber den Ausschlag. Es ist rechtens, dass er den Makel verbergen will. Das Holz im Becken knistert beim Brennen, der Maler leert die fünfte Bierflasche, er mustert mich. Ist er ein Spätbekehrter, und steh' ich in seinen Augen auf der Gegenseite?

Am nächsten Tag nimmt mich der Dichter mit zum Flohmarkt. Entdecke Wichtelmännchen aus der Werkstatt in Gräfenroda, verwittert und angeschlagen. Ich frage nach dem Preis: Sechzig Euro das Stück. Ich sage Dankeschön und ziehe weiter.

Am anderen Ende des Parkplatzes verkauft ein Mann Nazischrott. Zwei Jungnazis gaffen selig auf die Hitlerbüste. Der jüngere der beiden trägt eine Trainingsjacke, auf deren Rückseite zwei Worte prangen: Festungsstadt Magdeburg. Die Männer feilschen mit dem Händler, ich ziehe weiter.

Zurück im Garten des Gesindehauses, ich frage: Was ist mit dem Maler los? Der Dichter: Säuft sich tot, bekommt keinen guten Strich hin, glotzt auf das Bild, das er vor einem Jahr anfing. Schläft im Unterricht ein. Pflaumt jeden und jede an. Nazi-Ulf hat sich seiner angenommen, er erzählt dem Maler, dass er nicht etwa versagt. Nein, für Nazi-Ulf ist der Maler einer der vielen deutschen Betrogenen, und er hat jedes Recht der Welt aufzuseufzen. Böse zu werden. Für die Kanaken hat man viel Geld, die Volksgenossen aber verarscht man. Da muss der betrogene Deutsche seinen Kummer ertränken. Da muss er, um nicht abzudrehen, in sein Seelenloch Bier und Wein schütten. Der Maler ist ein guter Sohn der Stadt, ein hochbegabter Mann, eine Zierde für sein Volk. Weshalb aber muss er leiden? Sein Niedergang ist der widergespiegelte Niedergang des deutschen Volkes...

Mir dröhnt der Kopf von den Worten: Herrschen oder beherrscht werden, die Kanaken übernehmen bald das Land, wir sind verraten und verkauft. Wie schade, wie scheußlich. Ein Maler soll malen. Parolen sind die Pest.

# Volksmund

Ich reise in die wüste Peripherie, zu den Verheerten mit morgendlichem Schnapsatem, zu den Kerlen, die rechts täuschen und rechts treffen. Zu den Zonenkatjas in KIK-Klamotten und Plastikgaloschen, zu ihren prächtig ostdeutschelnden Töchtern, die im Westen blühen und gedeihen, und aber sagen: Der Mensch aus dem Westen, der kennt uns nicht.

Ich reise nach Dresden, der Stadt der tapferen Sachsen, der erzgebirgischen Volkskunst, in die Stadt mit der Elbbrücke, die Blasewitz und Loschwitz verbindet. Kaum sitz ich im Taxi, donnert der Fahrer los: Nix gegen Juden. Wer vergast wird, kriegt Entschädigung, das ist nicht falsch. Aber dieser Bunker, sehense, dort drüben, der Schandkasten, sieht das mistige Ding aus wie'n Gotteshaus? Nee, tut es nicht, baut der Moslem so einen Tempel, gibt's was auf die Mütze, nur dem Juden lässt man's durchgehen. Will ja nix sagen, aber die Leute haben so was von die Schnauze voll, nix gegen Juden, aber das da, das gehört abgerissen, das machen die absichtlich, Augenpest ist das, na wurscht, das macht nen runden Zehner...

Ich reiche ihm den Schein und bitte um eine Quittung, er schreibt wie ein von der linken Hand auf die rechte trainiertes Kind. Ist das die Schrift eines völkisch gesinnten Mannes? Sind die krummen Buchstaben Ausdruck des Aufmuckertums?

Später darf ich in der Zeitung die Abbitte eines Edeljournalisten lesen: Liebe Arbeiterklasse, ich habe dich verkannt, ich gelobe Besserung. Wie will er sich bessern? Geht er nur noch ins deutsche Wirtshaus, säuft nur noch das härteste deutsche Bier, lobt er nur noch deutsche Gerichte und Gesichter, deutsche Fressen und deutschen Fraß?

Und also sitz auch ich bald in der Eckkneipe, ich fühl mich wohl unter müffelnden dicken Mackern in Steppwesten, die mich anglotzen, als würde mir eine fette Forelle aus dem Mund hängen, und als sie aber sehen, dass ich das Essen wie ein Schwein grunzend reinschaufele, sind sie beruhigt. Worüber sprechen sie? Über Kanakenweiber. Habe ich sie bezahlt? Nein. Wissen sie, dass ich hergefahren bin, um ihresgleichen zu besichtigen? Nein.

Ich schaufele das Mastfutter und lausche dem Krötenkönig am dudelnden Spielautomaten, er spricht in donnernden, brausenden Worten: Das Weib war angemalt, Lippen, Wangen, alles im Nuttenrot, nur die Augen schwarz. Die lief in Schuhen mit so'ne hohen Absätzen, aber n Tuch hatte sie um, als hätt sie sich in ne Gardine eingewickelt, ich bekam so'n Hals, ich geh zu ihr hin und sag: Was tust du hier in meiner Straße, willst du mich verarschen oder was, geh in deine Heimat und lass mich in Frieden, solche wie du stinken mir Dresden kaputt, Islamisten pule ich mir morgens aus der Nase, Islamisten kack ich ins Klo, glaub ja nicht, dass du hier bei uns machen kannst, was du willst, hau ab nach Arabien, wo du herkommst. Da hat sie gestaunt, da hat sie Schiss bekommen, ich hab ihr gesagt, ich sag: Mich kriegst du nicht klein, Mädchen, so ne Türkentussis wie du wolln uns erobern, wir machen euch platt, wirst schon sehen, und jetzt verpiss dich! Da hat sie gestaunt, da hat sie plötzlich angefangen rumzuplärren, von wegen Nazi, von wegen ich zeig dich an, das war mir dann zu viel Geschrei, ich hab sie einfach stehenlassen, die alte Fotze…

Ich tupfe mir die Soßenspritzer mit der Serviette vom Gesicht, der Krötenkönig stutzt: Wer sich das Maul nicht mit dem Hemdsärmel abwischt, ist eine Schwuchtel. Er fragt, woher ich komme. Ich sage, ich komme aus Kiel. Er fragt, wie ich heiße. Ich sage, ich heiße Friedrich wie der Preußenkönig. Er will wissen, ob ich geschäftlich unterwegs bin. Ich sage, jawohl. Er fragt, was für Geschäfte das seien. Ich sage, Bundeswehr. Totenstille. Er sagt, wie ein Soldat sähe ich nicht aus, also tippe er auf Bonze vom Amt. Ich sage, jawohl, im geheimen Auftrag von Frau Ministerin. Er glotzt. Die Männer glotzen. Dann sagt der Mann: Ist nicht mein Bier, gutes Gelingen!

Geheimauftrag zieht immer, fast immer, Stasi macht's möglich. Der blökende Arbeiter will keinen Ärger. Er mault über die madigen Verhältnisse so lange, bis der Meister ihm bedeutet, das Maul zu halten. Es ist egal, ob mich der Krötenkönig für ein undeutsches Element hält. Ich habe knappe Angaben gemacht. Ich könnte ihm Ärger machen. Ich sehe mit meinem langen Mantel und der Spießerumhängetasche aus wie ein Bürokrat. Lieber mal weiter saufen und über die Landnahme durch Muselmanen reden. Arabien wird zerbombt, Araber rücken ab ins Niemandsland. Wir aber, wir in Deutschland, wir kennen die Bolschewisten in Regenjacken, und wir kennen die rechtsbraunen Maulbrunzer, wir mögen sie nicht.

Ich reise nach Duisburg, die Stadt, die ich liebe, weil hier Rhein und Ruhr zusammenfließen, ich treffe mich am Eisenbahnhebeturm in Homberg mit dem Jungen vom Stadtrand, stolzer Abschaum, ab Mitte Hals abwärts tätowiert: Kolibri, Papagei, Sittiche. Er nennt sich Fashionkiller, weil es auf seinem T-Shirt steht. Er täuscht Tiefe durch Straßenweisheit vor, er schimpft auf Volksverräter, die Romane von Ausländern lesen, weil sie sich das Deutsche austreiben lassen wollen.

Du Pimpf bist nicht Antifashion noch Killer, denke ich, was kannst du? Lümmellatein. Existenzbeweis durch Liederlichkeit, das kannst du. Er friert im dünnen Hemdchen, ins Lokal will er nicht wegen Rauchverbot, also fahren wir mit dem Bus zum deutschen Rand, zur Westzone der Bekloppten. Fünfter Stock, Plattenbau, Drecksbude mit Schmutzecken, alles stinkt. Lüften ist was für Schwule, der wahre Mann ranzt. Er greift zur Pulle, er legt los, Thema: Emanzen, Flintenweiber, Pornoschnallen mit knisternden Nylonstrümpfen, Frauen, die nach dem ersten Wurf den Macker abschießen. Die Stadtmitte gehört ihnen, an den Rändern mehrt sich die Brut – welche Brut? Die Vernegerten. Was sind das für Leute? Weiberabgreifer, das fremde Pack.

Bis vor kurzem lief es so: Wegen der Frauenrechte kriegt der deutsche Mann keinen Stich im Land. Er spart auf 'ne Thai, fährt hin, wählt was aus dem Angebot, holt sie her. Oder wenn er Geld hat, fährt hin zu den Quasirussen, den geilen Ukrainerinnen, wählt was aus dem Katalog, macht die Natascha zur Ehefrau. Ist klar, dass die Weiber bald mitkriegen, dass sie Rechte haben, deutsch oder nichtdeutsch, scheißegal. Die drehen auf, schießen den Macker ab, aber erst, wenn sie den guten teuren Pass bekommen haben. Soweit alles klar.

Nun haben wir hier die Schwemme: Kanaken mit offenem Hosenstall. Hängen rum im Hauptbahnhof, in den Einkaufszentren. Machen unsere Frauen an. Ein Weib ist von Natur aus ein Agent, ein Volksverhetzer … Erst im dritten Anlauf schafft es Fashionkiller, das Wort auszusprechen. Dann bricht er mitten im Satz ab und will wissen, ob ich fremde Gene habe. Ich sage: Bin so deutsch wie Hitler. Er wird nachdenklich, er weiß nicht, ob ich ihn verarsche. Ich grinse nicht, ich glotze ihn mit schlaffem Gesicht an. Das kennt er, er stellt sich auch tot, wenn ihm was nicht passt, also gibt er erst einmal Ruhe. Nach einer Viertelstunde sagt er: Bist du wirklich deutsch? Ich sage: Hugenotten, von denen stamm' ich ab. Er sagt: Was ist das für'n Zeug? Ich sage: Deutscher Stamm in Frankreich. Fashionkiller säuft die zweite Pulle leer, erklärt mir die Welt in knappen rechtsradikalen Sätzen: Die Kanaken haben kein Schamgefühl, sie sind die Herren in unserem Land, alles Halbneger, alles Spermasoldaten, Volk wird erwachen, Volk wird heimführen die Verwirrten und Verheerten, ein Banner, ein Lenker, es wird geschehen …

Armer Kadaver, der glaubt, dass Schinkenfressen den Unterschied zwischen Abendland und Moslems ausmacht. Armer Spätzünder, der erst als antideutscher

Autonomer die Islam-Zerbombung forderte: Am Arsch die Vernunft, am Arsch die Fremdenliebe, hoch lebe die nationale Randale. Fashionkiller verschweißte sich mit der wahren Idee: ein bisschen Steinschmeißerei, ein bisschen Hurraidiotie, ein bisschen gefühlsechte Bosheit. Fakten sind etwas für Hirnis. Enthemmung jetzt! Er ist ein Junge mit stumpfer Schnauze, er wird weich, wenn er kifft. Als Gehilfe und Handlanger hält er sich über Wasser. Er träumt von der Verwüstung der anderen: Jeder, der mehr verdient, ist privilegiert; jeder fremde Mann ist eine fremde Marke: abschaffen, ausweisen, auslöschen.

Ich stehe auf und gehe weg. Schlage die Zeitung auf, stoße auf einen weiteren Büßer, der den Superhass des Abschaums verharmlost. Selbsthass des Kolumnisten, intimes Theater, Hodenstolz und Goudamief.

Ich reise nach vielen Treffen mit Frauen und Männern der Unterschicht heim nach Kiel. In meine herrliche Stadt, auf dem Parkplatz am Tirpitzhafen steige ich in das Auto der völkisch-frommen Linda, wir brausen davon, es wird keine Liebesgeschichte, denn sie schäumt und schaudert und schlägt mit der harten Faust auf den Lenker, als das Zündrad aus dem Feuerzeug fliegt. Ich gebe ihr Feuer, sie raucht mit rasselnden Lungen, in Wik steigen wir aus, Parkplatz vor der Tür, sie kann ihr Glück kaum fassen.

Ihre Bude ist ein großer Andachtsraum, überall Holzkruzifixe, überall Karten mit Jesussprüchen. Diesmal läuft es anders, ich soll auspacken. Ich sage: Der Heiland ist Gottes Liebling… Sie fällt mir ins Wort, ich soll nicht salbadern. Ich sage: Was willst du hören?

Linda hält es nicht mehr aus auf dem Stuhl, sie predigt im Stehen: Christsein ohne Kirche, das will Gott heute, die wahre Gemeinde, das sind die Millionen von glühenden Gläubigen, das sind wir, die wir uns von Negerpriestern aus Afrika nix sagen lassen, wir gehen nicht in diese Sautempel, in denen der Herr geschändet wird, für die bekehrten Neger ist der Heilige Geist doch nur eine Holzmaske, ein bemalter Fetisch. Wir sind Christi Missionare, sie sind dem Wort untertan, was soll der ganze Schwindel? Nächstenliebe? Wer ist mir der Nächste? Mein deutscher Nachbar, dem steh ich bei, ich fütter nicht Zigeunerclans durch, ich reich nicht den Syrern die Hand, ich füll nicht anderer Länder Bettlerschalen. Nicht mit mir! Nicht mit meinem Land! Wird Zeit, dass man den Ketzern die Hölle heiß macht!...

Linda evangelikal müsste es doch wissen: Haben die Päpste nicht zur Ketzerverbrennung aufgerufen? Wäre sie nicht in früheren Zeiten auf dem Scheiterhaufen gelandet? Linda evangelikal schwärmt von dem Blutschwall aus den Wundmalen Christi, von den rostigen Zimmermannsnägeln, die aus dem Holzgalgen gezogen wurden. War der Mann, der das Himmelreich versprach, nicht ein Jude? Sie spricht von der Heiligkeit des Heilands, von seinem Judentum hält sie nix, sie sagt: Die meisten Ausländer kommen in die Hölle, du bist davon nicht ausgenommen, Rest und Abfall fegt der Teufel in den Höllenpfuhl, Rassenstolz und Bergpredigt sind vereinbar, der Herr verdammt das Weltbürgertum und liebt die Herrenrasse, Gott ist ein strenger Weltenrichter, er säubert, er tilgt, er reinigt. Vermischung ist Rassenschande, schau nach im Alten Testament, da durchbohrt der Krieger des Propheten Jude und Nichtjüdin, die es gerade treiben, er stößt die Lanze durch die sündigen Leiber, Vergeltung ist versprochen...

Gutes Schauspiel, leider meint sie es ernst. Wie bei allen rechten Irren ist ihr Traumziel die Kläranlage. Angaben zur Person: Hauptschulabschluss, Fehlgeburt, ungelernte Aushilfskraft, nach ein paar Dramen mit Vorstadtprolls Wiedergeburt durch echte Taufe. Ausländerfreies Leben. Ihr Vorsatz: Ich tret nie wieder in die Scheiße. Ihre Freunde und Bekannten: Lupenreine Deutsche ohne Fremdzusatz. Das Gespräch ist zu Ende, wir geben einander nicht die Hand.

Habe ich was dazugelernt? Ich komme von ganz unten, ich kenne Jargon und Hässlichkeit. Die bessere Welt ist die wahre Welt. Die wahre Welt ist eine Welt, in der weniger gelogen wird. Die Leute unten lügen genauso viel wie die Leute oben. Punkt.

# Reinfelder Karpfen

Am Vorabend der Abreise: Die Stirn glüht, der Nacken krampft, die Augen teebeuteldick geschwollen. Schöne Scheiße. Stehe am aufgeklappten Koffer, packe nach nochmaligem Zählen einen Satz Socken und U-Hosen ein. Liege dann für eine Viertelstunde auf dem Rücken, komme mir blöd vor. Mitteilung vom Kumpel: Susi weg, bin verheert, komme vorbei, bleibe nicht lang.

Er hockt wenig später auf dem Sofa wie eine Eule auf der Jule. Will heulen, kann aber nicht. Hat die letzte Träne des Tages schon vergossen. Er sagt: Susi, das ist 'ne Pickelnelke, trotzdem, ich lieb sie, mein Herz steht in Flammen…

Wie trösten? Mir klappern die Zähne, Schüttelfrost. Ziehe drei Pullover übereinander, sehe aus wie ein Erdbebenopfer. Kumpel glaubt, dass der miese Nebenbuhler Manni ihm die geile Susi ausgespannt hat. Er erzählt eine lange traurige Geschichte über sich und Susi, nix Sex, nix zartes Balgen, nix Löffelchenliegen im Bett. Nach zwei Stunden bitte ich ihn zu gehen, er ist sauer, er braucht Beistand, ich solle in die Herzseite meiner Brust greifen, dort klaffe ein großes Loch. Tut mir leid wegen Susi, sage ich und schließe die Wohnungstür.

Erste Station der Lesereise: Wolfsburg. Seltsame Autostadt. Wolfsburg gibt es nicht. Blinzele einige Male, reibe mir die Äuglein, und siehe da, alles verschwunden.

Sitze im Zug nach Berlin. Treffe meine Schwester und Hündin Ruby am Hauptbahnhof. Regen, Herbsthimmel. Heldenfrau? Stolperte über ein Kabel, fiel auf harten Boden, zog sich Schürfwunde am Knie und Prellungen an der Lendenwirbelsäule zu. Kommt hinkend zum Treffpunkt. Letzten Monat fiel meine Mutter die Treppen herunter. Ist das die Saison der fallenden Frauen? Ich greife mir in das Brustloch, drücke und knete, ein kleines Herz, daumennagelgroß, fängt an zu pumpen.

Es pumpt, als ich auf den Bahnhofsvorplatz hinaustrete, um zu rauchen. Kippensammler, Frau an Krücken, Straßenmagazinverkäuferin, torkelnde Säufer mit frischen Wunden in Gesicht. Geister im verstörten Fleisch. Alle Lebensratgeber sind für'n Arsch. Was sagt der Erlöser? Teile dein Gut, und halte aber die Fresse, wenn du es nicht tust. Bin beglückt und begeistert.

Ab nach Reinfeld im Norden. Noch zwei Stunden bis zur Lesung. Setze mich auf die Terrasse einer Bäckerei. Ein Mann knallt einer Frau 'ne leere Wasserflasche gegen die Stirn. Scherz. Frau grollt. Am Nebentisch drei alte Damen. Dame A: Bin viel draußen. Nicke um neun abends ein. Dame B: Jaja. Dame A: Pflaumen bekommen mir nicht. Muss dann dünn. Dame C: Jaja… Mann knallt Flasche gegen die Wange der Frau. Scherz. Frau nennt ihn Viech, elendiges. Lediger alter Herr setzt sich zu den Damen. Dame A: Man kann sich auch im hohen Alter verloben. Alle vier reden über Reizblase, Schmalzbrot, Zwiebelkuchen, wehe Hinterbacken, kollernden Magen, muffelnde Goudamauken, über Scholle nach Finkenwerder Art.

Ich stehle mich grinsend fort. Ziehe im Hotel frisches Hemd und Jackett an, gehe am unteren Herrenteich entlang, bleibe kurz an der Schautafel stehen. Früher haben die Mönche Karpfen im Teich gezüchtet. Vor der Lesung erklärt mir ein freundlicher Herr, dass man den Reinfelder Karpfen mit Schlagsahne serviert. Der Sahne mischt man selber auf dem Teller Meerrettich bei. Lese mich anschließend heiser, die Gäste fühlen sich unterhalten, ich verbeuge mich sitzend.

Später im Bett denke ich: Ich pfeif' auf die Literaturdebatten der Teichmolche. Sollen sie doch Tand und Zeugs vergolden. Hoch lebe der mückenschnappende Karpfen.

# Klavier und Hirschköpfe

Reise ins Österreichische. Zeit für eine erste Charakterkunde: Der Österreicher ist krachend verlogen. Die Österreicherin zieht mit schlackernden Backen Worte in die Länge, dehnt und zerknackt Silben, zerkocht sie in der Spuckesäure, sprotzt sie aus dem bemalten Mäulchen wie anverdaute Aasstücke. Der Österreicher ist ein Überbleibsel, ein Rest des Dritten Reiches. Im Geiste Hitlerist, im Fleische mau und Mus. Es wird ihn niemals überraschen, wenn ihn ein Auswärtiger, den er nicht kennt, auf der Straße anhält und sagt: Sie gehen mir auf die Nerven, weil Sie so hohl sind! Wie heißt Ihr Friseur? Ist er Schafscherer? Waren Sie wegen ihrer Haltungsschäden schon beim Arzt? Wie sind Sie überhaupt angezogen, Himmelherrgott! Sie sind so blöde wie bei uns die Düsseldorfer. Die geben auch viel Geld aus, um sich zu verunzieren. Was macht Ihr Mund, wenn Sie reden? Haben Sie eine halbseitige Gesichtslähmung? ...

Nein, er wird abwinken und weitergehen. Er kennt das: Deutsche, der Deutschgewordene aus dem Norden, sie kommen her, kaufen billige Zigaretten, die Knickkapselkippen, die Zigaretten mit der Mentholkapsel im Filter, und sie schütteln den Kopf über ihn, den Herrn des Landes, den Österreicher.

Ich komme nach Feldkirch, Städtchen an der Grenze zu Lichtenstein, ich trinke ein Achtel Zweigelt, schreibe Femezeilen nieder, gehe in der Pause zum Rauchen hinaus, und da spricht mich ein mir unbekannter Österreicher an: Ich kenne Sie, da war ein Fest, vor sieben Jahren, da haben wir uns unterhalten... Ich sage: Ich bin zum ersten Mal in Feldkirch! Er schüttelt den Kopf, er besteht darauf: Sie sind mir bekannt, mein Freund. Er saust an mir vorbei in den Eßsaal, ich folge ihm, er setzt sich ans Klavier und spielt. Er spielt, dass mir die Tränen in die Augen schießen. Er spielt Mozart. Er spielt ohne das übliche Genie-Gezappel auf dem Hocker. Ich stehe im Dunkeln, ich denke: Ich bin, das ist ein weiteres Mal bewiesen, ein Idiot. Der Österreicher, verfemt und bekämpft, ist über die Idiotenschelte erhaben.

Nächster Tag. Vor dem Buchladen um die Ecke sechs Bücher auf dem Sonderramschtisch: Je Seite 1 Cent. Im Mohrenstüble trinke ich einen Aufgeschäumten. Am Katzenturm lungern übellaunige Gymnasiasten herum. Ein Mädchen wird von einer Biene gestochen. Großes Geschrei. Passanten eilen zu Hilfe, das Mädchen gibt Entwarnung: Doch keine Biene, aber Stechmücke, die sich am Ausschnitt festsaugen möchte. Platt geklatscht.

Passanten zerstreuen sich, ein Mann erkennt mich als den Schreiber, der im Theater lesen wird. Er erzählt: Es gibt in Feldkirch und um Feldkirch herum Yes, you can-WCs. Die Wirte der Gaststätten locken mit dem Werbespruch: Ja, Sie können hier kacken, gerne. Ich bedanke mich, ich muss ihm aber versprechen, in einem der besagten Lokale kacken zu gehen. Es gibt also auch in Feldkirch seltsame Vögel.

Lesung später vor einsamen Kennern der Materie, Frau in langem Mantel, berockt und gestöckelt, mustert mich, küsst sich fest an ihrem Geliebten, zerrt ihn in die Nacht. Schön, denke ich, schön, dass ich eine solche Wirkung auf Frauen habe. Meinen Lohn bekomme ich bar auf die Hand, man bringt mich bis zum Hotel. Im Flur hängen silberne Hirschköpfe mit echtem Geweih an den Wänden. Ich sitze im Sessel und warte auf den Klavierspieler.

# Schmonzes und Schmonzette

Anfahrt Mannheim, Fieberträume im Zug, es glühen mir Stirn und Schädel, Ausbruch eines schweren Schnupfens am goldenen Oktobertag. IT-Angestellte quatschen Girlanden aus kodierten Worten, sprachverarmte Muttersprachler, selbstgefälliges Schweinepack. Ich mache gern den Spießer, erhebe mich vom Sitz, sage streng: Leiser bitte! Die Techniker starren, wenden den Blick ab. Ist das ein Blickduell? Nein. Sie wollen sich mit mir nicht befassen, ich bin eine sprechende Wanze, ein Stück Mensch, ein Menschenstück.

Kurz vor der Ankunft Zwangsaufenthalt in Frankfurt: Wir warten auf den Lokführer, der seinen Kollegen ablösen soll. Weiterfahrt nach einer halben Stunde.

Am nächsten Nachmittag krächze ich meinen Text vor, ein kleines Tier hinter meiner Nase frisst sich durch die Knochenwände. Thema und Programmpunkt: Interkultur. Was soll der Blödsinn? Alle Podiumsteilnehmer sind nett und verständig, ich bin die Wildsau, die durchs Unterholz kracht. Jammernde Ausländer, denke ich, die neuen Heroen der Innerlichkeit, sie schneuzen Gram und Kummer aufs Papier, dissonantes Gedudel, Eingeweidebeschau.

Deutschenhass gehört zum guten Ton. Friedliche Koexistenz der Speisekarten, das war gestern: Damen mit Bernsteincolliers saßen beim Exilperser, der Kichererbsenpampe servierte, die runzeligen Damen waren recht angetan, sie glucksten und gackerten, weil der Perser so herrlich genitalbetont über Kaka-Khomeni lästern konnte. Und heute? Die Ausländer- und Exilantenenkel geben mit ihrer Herkunft an. Anekdotentäntchen, gerade mal Ende dreißig, sie sind viel gereist und dumm geblieben, schreiben Hasenfibeln auf, und weil sie fotogen sind, druckt man Fotos von Ihnen: Sie sehen aus wie geföhnte Königspudel. Natürlich verstehen sie sich als Weltbürger. Was für ein Affenwort. Ist deutsch einfältig? Ist Deutschland ein Hort des Grauens?

Es findet sich bestimmt ein Kritiker, der mit spitzem Mund die Perserpampe dieser Täntchen als Bereicherung bezeichnet. Wie bitte? Benn, George, Bachmann, Kunst? Kolbe, Bobrowski, Meckel, Wondratschek, Trakl, Kunert, Huchel, Brecht, Jandl, Born, Mayröcker: Das ist Reichtum! Die Tantenprosa ist Zeugs, Plastiktinnef, Studentenklamauk, sie ist ein abgefallenes Arschhaar, Damendrama, Unlust der Exoten, Gelalle deformierter Deppen. Wer nicht schreiben kann, und aber schreiben lernen will, geht ins Institut. Wer fremdstämmig und weiblich ist, motzt sein Poesiealbum auf, nennt es Manuskript, Lektoren und Verleger lektorieren nicht und verlegen es. Habe allzu viele dieser Placebo-Romane lesen müssen, ich bin es leid. Interkulturelle Literatur? Schmonzes und Schmonzette.

Ich wüte auf dem Podium, es wird beifällig genickt oder mir widersprochen. Abgang. Wanke zur Notdienstapotheke, kaufe eine Tüte voll Medizin: Pastillen, Entschleimer, Schleimhautabschweller. Lesung in Hanau.

Klappt ohne Röcheln. Literaturwerkstatt in Goddelau, gelingt ohne Atemlähmung. Lesung und Gespräch in Wiesloch. Die Stimme bricht, das Tier frisst sich unter das linke Auge, ich blinzele wie ein Psychopath, eine Frau missversteht mich, braust schnaufend davon.

Heimreise. Kurz vor Kiel, in Bordesholm, müssen wir aussteigen. Durchsage: Personenschaden. Ein Selbstmörder ist zerstückelt, sagt der Schaffner, jetzt sammelt man die Stücke, wirft sie in einen Sack. Mir wird schlecht, ich beherrsche mich.

Große Nacht des Schmerzes. Rechne jeden Augenblick mit dem Ausbruch eines Alienbabys durch mein linkes Jochbein. Gehe in meiner Stube zornig auf und ab, ich bin ein Anti-Interkulturberserker. Die Rettung: Besser schreiben und deutsche Heimat lieben.

# Mops

Salzburg, minus ein Grad. Mumienmarschkolonnen in der Getreidegasse, Frauen mit kleinen Nikolausmützen stehen am Glühweinstand. Die Zier- und Schoßmöpse hecheln, die Köpfe verschwinden in Atemwolken. Ich atme in den Grobstrickschal. Wo ist, verdammt noch mal, das Fachgeschäft für Mozartkugeln? Halbe Stunde bis zur Lesung, muss Geschenkeliste für Kieler Freunde abarbeiten. Schnaps und Schokolade. Keine dicken Wollsocken, keine Ingwerplätzchen, kein schwieriges Buch eines schwierigen Poeten.

Ein klinischer Irrer ist in Hemd und Jackett unterwegs. Ich schaue genauer hin: Ein Jüngling in Pose, der dem dürren Mädchen an seiner Seite gefallen möchte. Es trägt Röckchen, Jäckchen und schwarz gewichste Nazistiefel. Die Liebenden zittern. Macht nix, denke ich, sie glühen füreinander, Herzhitze feit sie vor Erkältung. Reiche Bengalen stehen Schlange für Trüffelpastete. Fünf Minuten vor Ladenschluss finde ich das Geschäft, werde alle Scheine in meiner Börse los.

Ab zum Literaturhaus. Einsame Kenner der Materie im Saal, ich erfreue sie mit Düsternis und Anti-Harfenklängen. Später im Hotel reiße ich die Zigarettenschachtel auf. Raucherzimmer, zum Jubeln gut.

Das Mobiltelefon klingelt. Eine Bekannte fleht mich an, ich soll ihr helfen. Wobei? Bei der Wahl des passenden Geschenks für ihren Freund. Elf Uhr nachts, sie hat einen Knall. Ich sage: Du hast sie wohl nicht mehr alle. Bitte, sagt sie, er steht auf kleine Mopsfiguren aus Porzellan... Ich denke an die Möpse mit beigem Fell wie ein Polsterbezug, an die Leinenschlaufen am Handgelenk der Glühweintrinkerinnen.

Wir sprechen über den Mops an und für sich: Kleiner Hund, größer als ein Tea-Cup-Pinscher, röchelt beim Toben, kackt brav in dunkle Ecken. Tückisch: Lässt geräuschlos Darmwind fahren, stinkt wie Hutze, man reißt würgend das Fenster auf. Bekannte weist hin auf die Sammlung ihres Freundes, sie hat ihn zum Geburtstag und zu Weihnachten immer mit einem Porzellanmops beschenkt. Diesmal will sie ihn überraschen: Wäre ich so nett, ihr drei Bücher von mir zu schicken, signiert und mit persönlicher Widmung versehen? Sie würde dann Geld gespart haben, das wäre doch toll... Liest er? Sie erklärt: Nein, darum geht's nicht, es zählt die Geste... Wieso sind meine Bekannten derart seltsam? Ich gebe ihr den Rat, sich weiterhin an Mopsfiguren zu halten.

Mobiltelefon klingelt, die Bekannte ist eine alte adelige Dame, sie sitzt nachts im Schaukelstuhl, starrt auf die Bilder ihrer Ahnen an der Wand, sie wartet, bis sie zu ihr sprechen. Sie sagt: Ich war heute im Kaufladen. Neben dem Ausgang steht ein Gerät. Die Bedienungsanweisung habe ich aufgeschrieben, hören Sie zu. Erstens. Mahleinheit einstellen, Skala rechts. Zweitens. Tüte über Rohr schieben, klemmt automatisch beim Einschalten. Drittens. Tüte halten und Motor ausschalten. Lieber Herr Zett, können Sie mir verraten, um welches Gerät es sich handelt?

Ist das eine Fangfrage?... Nein, es quält mich aber, nicht zu wissen, wofür man dieses Ding braucht. Übrigens hatte das Ding ein stumpfmetallisches Gehäuse... Aha... Sonderbar, nicht wahr?... Ja... Also, was meinen Sie?... Ich tippe auf ein Kaffeebohnenmahlgerät, meine Dame... Glauben Sie?... Sie wirft mir vor, auf ihre Leichtgläubigkeit zu setzen. Ich starre auf die zehn Kippen in meinem Aschenbecher. Dann einigen wir uns auf eine multifunktionale kleine Maschine, die im eingeschalteten Zustand knispelt und knuspelt.

Ich schalte das Telefon aus. Gehe vermummt hinaus. Salzburg, Mitternacht, minus vier Grad. Auf dem Balkon gegenüber steht eine alte Frau im Morgenmantel, bückt sich, streichelt ihren schwarzen Mops. Gibt's doch gar nicht! Hohe Mopsdichte, denke ich, sagt das was aus über die Salzburger? Will nicht grübeln. Muss morgen vor der Abfahrt Schnaps besorgen. Haselnuss, Vogelbeere.

# Löcher im Pelz

Frankfurt – Köln, Schnellzug schießt mit 300 Sachen röhrend durch die Tunnel, taumele nach der Ankunft schweißgebadet über den Bahnsteig. Homobeau steht mit Windhund an der Leine in der markierten Raucherzone, führt brüllend Handygespräch mit dem Freund, der ihn mit Homowirt der Eckkneipe betrog. Üble Flüche, genitalbetonter Jargon, ich stolpere die Treppen runter.

Erholung in der Mokkabude. Der Italiener sagt: Bischi Mick? Der Alte am Tresen bellt: Was? Der Italiener: Bischii Miek? Der Alte: Willste mich verscheißern?… Italiener zeigt auf die Milchkapseln, der Alte versteht, schnappt sich die Tasse, macht sich auf die Suche. Keine Milch, nicht ein bisschen, Kaffee schwarz. Die Italiener führen sich auf wie Operndiven. Megafonkehlen. Flucht vor dem Lärm.

Das Hotelzimmer ist eine Gruftkammer, Teppich ohne Fransen, Fenster ohne Gardine, rissig gescheuerter Klodeckel. Treibe durch die Gassen des Viertels. Zivilisten im Abenddämmer, Bengalenkinder werfen mir Knallfrösche vor die Füße. Vor der Drogerie stülpe ich die Kapuze über den Kopf. Laufe im geducktem Galopp kreuz und quer, bis ich endlich einen Angestellten finde. Homobeau in Knirpsgröße. Frage: Wo finde ich – äh – Enthaarungsmittel? Er kräht: Enthaarungsmittel? Unten!… Verdammt noch mal, alle Frauen an den Regalen in der Nähe drehen sich nach mir um. Ich poltere die

Treppen runter, eile zum Regal Körperpflege, greife blind nach zwei Schachteln, bezahle an der Kasse. Die Kassiererin: Diese Creme ist für die Bikinizone ungeeignet!

Ich stolpere aus dem Laden, laufe zum Hotel, schließe mich im Bad ein, mache den Oberkörper frei, trage mit dem Plastikspachtel die Salbe auf die Brust auf, steige nach fünf Minuten in die Dusche. Eine halbe Stunde später knipse ich ein Rumpfbild mit fünf zweieurogroßen Löchern im Pelz, schicke es an Zoppo. Zoppo ruft umgehend zurück, er wiehert ins Telefon, ich warte, bis er sich ausgelacht hat. Habe Wette verloren, ich durfte wählen zwischen partieller Enthaarung oder rosa Häschenkostüm aus Zoppos Karnevalsbeständen. Er versichert mir, dass er das Bild nicht der Presse zuspielen wird.

Lesung läuft gut, die Löcher jucken, ich darf nicht kratzen. Kurzes Gespräch mit Liebhabern schwer lesbarer Gegenwartsprosa. Sie sprechen von Handkes Raffinesse, vom Mannschen Mut zur epischen Breite, von ihrer Beseelung durch die Worte des wahnverstrickten Robert Walser. Schön, denke ich, aber ich will mich jetzt viel lieber an der Brust kratzen.

Später im Hotel, ich glotze auf mein Spiegelbild, die kreisrunden Stellen sehen aus wie roh geschmirgelt. Lese den Beipackzettel durch: Holen Sie sich bei allergischen Reaktionen ärztlichen Beistand. Nö, tu ich nicht. Fast durchwachte Nacht, ich kratze mich blöde. Träume davon, dass ich als große tote Qualle durch ein totes Meer treibe.

Im Zug nach Mainz streiten sich vier IM-Fuzzis über Putin. Ist er ein Mann des Volkes? Gibt er seinen Russen

Brot und Spiele, und wird er deshalb als Großer Vater des Vaterlands geliebt? Fuzzi 1: Wer das Russenreich regiert, darf nicht zimperlich sein! Fuzzi 2: Seien wir ehrlich, die Dissidenten sind doch unsere Lakaien. Wir bezahlen sie, damit sie Ärger machen. Fuzzis 3 und 4 kratzen sich am Ohr und Wange, sie grunzen Zustimmung.

Ich kratze mich an der Brust, behalte meine Gedanken für mich. Elende Fuzzis! Elender Putin! Ich kenne viele Männer, die Stalin, den Vater aller Väter, den Großen Schlächter der Sowjetvölker, für einen kernigen Kerl halten. Schweine im Pferch huldigen der Mastsau. Hocke eingeklemmt auf meinem Sitz, ich bin der stumm kollernde Salonliterat mit unerheblichen Meinungen.

Nehme mir vor, ein Bild zu malen: Männer mit Löchern im Brustpelz jagen Feuerquallen.

# Das glaubt mir kein Schwein

Mainz. Mein erster Tag als Stadtschreiber. Aschermittwoch, Fastnacht vorbei, Putztruppe fegt den Marktplatz sauber, der leichte Wind lässt Konfettischnipsel aufflattern. Beziehe brandschutzsaniertes Dichterdomizil. Krache als Arschbombe aufs frisch bezogene Bett. Vom dritten Stock runter vor die Tür, starre hoch zur Stuckdecke: Putte greift Putte an die ausgewachsene Brust. Finde einen abgefallenen Türkenbart beim Gang um den Dom. Zeichen oder Zufall, es wird sich zeigen.

Im Lottoladen darf man Kaffeetrinken. Erhitzter Mann ruft: Die wollen uns in'd Engä dreibä. Kollegen grölen: Jawoll! Frage nicht nach, wer da jagt, und wer von wessen Flintenschuss erlegt wird.

Laufe durch hohle Gassen, will Geschichte fühlen, spür' aber Hunger. Blick auf die Speisekarte im Kasten am Bierbrauhaus Zum Halben Runden Rad: Handkäs mit Musik, Saftrippchen mit e Gurk. Rüttele an der verschlossenen Tür. Laufe am Rhein entlang, will Legenden fühlen. Stoße auf einen Baum, an dessen Ästen abgelatschte Turnschuhe hängen; auf gestutzte Platanen, deren Astenden im Dunkeln aussehen wie zu Bauernfäusten erkaltetes schwarzes Wachs.

Esse Erdnüsse in der Wohnung. Besorgte Kieler Kumpel rufen an, schimpfen mich Mainzelmann, Verräter an Kiel. Kehre zurück, sage ich, es kann nur eine Heimat geben. Sie fragen mich nach den Mainzern, ich lobe sie, sie legen auf. Poltere die Treppen hinunter, Wirt will schließen und erbarmt sich aber meiner, er serviert Saufbegleiter. Käsewürfel vom Emmentaler. Glück um Mitternacht.

Am nächsten Tag staune ich über den Markt auf dem Domplatz. Japanerin mit Mundschutzmaske geht die Stände ab. Fürchtet sie, dass die Runkelrüben oder das Hunsrücker Steinofenbrot sie anstecken? Ich ziehe an den Plüschtierchen an ihrem Rucksack, sie schreit auf vor Schreck, ich verbeuge mich und sage: Wir Mainzer freuen uns über Menschen aus aller Welt. Kommen Sie wieder. Bringen Sie Ihre Onkel und Vettern mit…

Sie flieht in die Arme ihres Freundes, der für einen Japaner äußerst groß geraten ist. Die Wurstesser mit ihren Papptellern auf der niedrigen Mauerkrone sind meine Rettung, ich verschwinde hinter dem Metzgerwagen, ducke mich am Reifen. Freundlicher Mainzer Mann sagt: Sind Sie der neue Stadtschreiber? Wollen Sie hier kacken? Wir kommen ins Gespräch, der Japaner hat mich aufgespürt, er stößt dazu, ich erkläre im deutschen Englisch, dass wir Mainzer die Wurst knapp überm Zipfel packen, dass wir die Wurst schütteln, und wenn sie dann allzu doll wackelt, wir Mainzer die Wurst als Kröpfchen in der Pelle beschimpfen, und dass die Wiesbadener und Frankfurter deshalb glauben, wir hätten einen an der Waffel… Freundlicher Mainzer Mann runzelt die Stirn, ich wünsche allen einen guten Tag.

Späte Einkehr im halbleeren Wirtshaus, die Leute sind längst in ihren Stuben. Kellner will Freundin überm Tresen küssen. Sie aber mahlt gerade einen großen Bissen gefüllte Paprikaschote klein. Der erzwungene Kuss benimmt ihr den Atem, sie keucht und erbricht sich. Geschrei, Liebeskrise. Kellner beteuert: Ich will dich nicht töten, bitte glaube mir … Sie glaubt ihm nicht, kündigt für die nächsten Tage Kontaktsperre an, geht mit Kantholzabsätzen aufstampfend ab. Stille nach dem Erbrechen, alle Gäste starren schweigend aufs Tischtuch. Ich bin der neue Stadtschreiber, ich darf bestellen. Ingwertee. Kellner wischt erst einmal die Sauerei weg. Ich denke: Das glaubt mir kein Schwein.

Komme später im Dichter-Domizil ins Grübeln: Bin ich ein antigalantes Sudeltier, da ich degoutante Details nicht ausspare? Ist der Hippi der bessere Mensch? Will ich mich hinter vielen Häufchen Unrat verbergen?

Letzte Zigarette vorm Haus. Das Bierbrauhaus ist geöffnet. Stehend schunkelnde Frau hinterm Rauchglas, von Kerzenlicht beleuchtet, die Tüllgardinen sind zugezogen. Werfe grinsend die Kippe weg, mache mich auf zur Rheinterrasse. Kieler Geist unter Mainzer Platanen.

# Deutschsein heute

1

Ich las die Schriften der Gelehrten, die das Volk verachten, das eigene Volk und die flutenden fremden Scharen, sie schimpfen sie Gewimmel und Gesindel, und als würde der Pöbel Giftsporen streuen, fliehen sie, die Experten, die Gelehrten, die Geistesriesen, in die Komfortzone, in die Kummerkammer, aufs Land.

Sie schreiben: Deutschsein ist unmöglich heute. Sie wollen nicht zerfallen im Anblick des eingebildeten Zerfalls. Sie sind umgestoßen worden, die harten Winde haben sie erfasst, und also klammern sie sich an die Bücher der nationalen Erhellung. Das sind Gewichte, die sie am Boden halten. Das sind schwere Ziegel, die sie schichten und stapeln zur hohen Schutzwand, auf dass des Pöbels Lärm und Laute daran abprallen. Die Gegenwart geht Volkes Verächter nichts an – das ist ihre Behauptung. Und doch würden sie, die Schreiber in der Abgeschiedenheit, zerbröckeln, wenn es zu einer wundersamen Klugwerdung des Packs käme.

Ich las die Bücher der Schreiber, die Hegel und Jünger zu Heroen der Offenbarung erklären. Ich sah die Schreiber, sie sahen mich, sie versicherten mich ihrer Verachtung, ich war doch nur hinein gekommen, hinein gestürzt in ihre Welt, die nicht aus Buchstaben und Worten, aber aus Idee und tiefem Sinn bestand.

Ich schrieb auf deutsch, das ließen sie gelten. Ich sagte: Deutschsein heute ist möglich, ich bin deutsch. Sie lachten auf, als hätte ein Mustermohr vorgesungen. Sie übergingen diese Peinlichkeit. Sie legten mir nahe, von Spinnereien abzusehen und mich nicht länger meiner Herkunft zu schämen. Es gebot die Höflichkeit, dass ich sie nicht niederbellte, ich wandte mich ab. Diese deutschseinwollenden deutschen Schreiber lobten das Alleinsein in der Kapselwelt: Das Leben war und ist Seuche. Sie unterstrichen Lehrsätze in ihren heiligen Büchern, und nannten sie Weisheiten. Ich rang um das richtige Wort, das sie kennzeichnete, und endlich fand ich dies Wort: Moralprahler.

Ich bin ihrer überdrüssig, ich lese nicht mehr die Bücher der Männer, die sich auf Bücher aufgepumpter Männer vergangener Zeiten beziehen. Sie wandeln im Totenreich. Worin besteht ihr Glück? Was kommt zur rechten Zeit? Die Flüchtlingsflut. Sie übersetzen sie als fremde Figuren, als ein Phänomen der Zersetzung, als Ende der Behaglichkeit. Nun endlich können sie sich als Volkspädagogen versuchen, sie schreiben: Dem schäbigen Volk, das die Meuten aus aller Welt hereinholt, gehör ich nicht länger an. Das Deutsche wird uns ausgetrieben, viele Kulturen sind der Tod der einen Kultur.

Ich bin ein fremder Mann mit einem fremden Namen, ich sage: Deutschsein ist möglich, ich bin auf eine schöne Art deutsch geworden. Ihr Schreiber, die ihr begeistert seid von den Schreibern der nationalen Erhellung, ihr wollt nicht dieselbe Luft atmen, die ich und meinesgleichen lieben, die deutsche Luft. Ihr wollt unter einem anderen deutschen Himmel leben. Was habt ihr nur? Ihr stottert Traumaphrasen daher, welche große Erschütterung lässt euch stottern? Wer Volkes Nähe meidet, wer Volkes Maul zunähen will, wird in seiner Kapselwelt nicht selig werden. Er wird zu Volkes und der Völker Betrachter.

In den Büchern der glühenden Mannskerle stieß ich und stoße ich auf die Frau, die nur als große Fremdheit erfahrbar sei. Sie ist die Leerstelle, die Lücke, die Abwesenheit. Sie ist die Verstümmlerin der Herrlichkeit. Die Experten, die Gelehrten, die Geistesriesen, sie nennen die Frauen das Weibsvolk, den Weltungeist, die Verderbten: Es sind jene, die sich verpaaren mit Kerlen fremder Ordnung.

Vor Jahren saß ich am Tisch eines Schreibers, er hatte gelesen, ich hatte gelesen, und doch wurde ich von ihm nur geduldet. Es machte mir nichts aus, ich war nicht Mitglied eines Kegelvereins. Der Mann sprach wie ein enthemmter Bürokrat, er sprach vom Urgrund des Schaffens, und von der Abschaffung seiner Kultur zugunsten fremder Volkskulte. Ich verstand: Er konnte nicht bekennen, ohne das Missliebige zu markieren. Die Misshelligkeit war für ihn das Wesen jeder nichtdeutschen Kultur. Schnell schrumpft man zum Geisteszwerg.

2

Ich sah die Verrenkten aller Stämme in Bahnhofsnähe, sie sprangen mich an, sie suchten meine Nähe, sie wollten sich verschwenden in wilden Gebärden, sie zischten, sie kollerten, sie hechelten, sie schluckten Luft, was hatten sie im Blut, Korn, Keime, Christal Meth. Mett-Kristall, rief der Marokkaner, der sich als Zeichen der Ankunft im Norden einen Anker unterm Unterlid gestochen hatte. Blutkristall, das ist mein deutscher Stolz, rief er, und ich geriet in einer anderen Stadt, vor einem anderen Bahnhof an einen anderen Verrenkten. Roh und rabiat war er, er paukte laut die Lehrsätze seiner neuen Bestimmung: Ich will keine Maus im Maul der Katze sein, ich will kämpfen gegen die Rotten, die mein Land besiedeln, ich will das Jesuskind beschützen, ich will... Ich wandte mich ab, ich wurde vom national erlösten Jungalkoholiker verflucht.

Es lauerte an der Ecke der übernächtigte Gottlose, er klaubte die Stumpen vom Pflaster, schnippte sie ins Genick der Schulschwänzer, die ihn anfallen wollten, ich ging dazwischen, ich dachte: Der Onkel schlichtet den Streit. Gossengoethe, schrie der Eckensteher, ich kenn dich, ich schlag dich tot. Ich lehnte den nassen Stumpen ab, ich wollte mir kein Herpesbläschen anrauchen, der zitternde zappelnde Drogenjunge sprach von der Rassenschärfe, von der scharfen weißen Rasse, alte Worte, alte Zähne, altes Maul.

Die Deutschen und die Nichtdeutschseinwollenden und die Deutschgewordenen der Gosse, sie stehen zur Unzeit stramm, sie strecken den kaputten Leib, als wären sie an den Fahneneid gebunden, sie singen lallend Hymnen, hätten sie ein Fell wie Schakale, würden sie es sträuben. Was habe ich mit ihnen zu schaffen? Die Verrenkten sagen: Sei gut zu uns, gib 'ne Münze her – sind wir dir fremd?

Ich erfahre die Herbstbelebung in den Städten im Osten, in den Städten im Westen. Im Lokal erster Wahl aß ich in Aachen einen Flammkuchen nicht-elsässer Art (Ziegenkäse, Honig, Rucola), fünfundzwanzig Zentimeter Durchmesser, ich verbiss mich beim Zerbeißen des Salats, es tropfte mir das Blut von der Lippe auf die Hand.

Kurz vor Mitternacht lief ich durch die Straßen, ich wollte mich müde laufen, ich wollte nichts entdecken. Ein Student entdeckte mich, Kind von Türken, der erste Deutsche seiner Sippe, Spätdeutscher, klug geworden, deutsch geworden. Wurde beschimpft als Hilfsvolkfellache, klein geraspelter Knaller, Geierfutter, vermuster Kanake. Ich dachte: Öde Geschichte, gibt's denn nicht die Aufregung, gibt's denn nicht den Übersprung, den Himmel, der uns auffrisst und gegen den wir uns wehren, gibt's denn nicht diesen schönen poetischen Blödsinn, dass wir den harten langen Winter überleben?

Von seinem Grab in Deutschland sprach der Student, der Flammkuchen in meinem Magen war verdaut, und also fuhr ich ihn an, nein, das stimmt nicht, ich war wieder einmal höflich und sagte: Gute Nacht.

Von Tod und Gräbern sprechen mir zu viele in diesen Tagen, von Verschüttung der Landessitte und der Kultur, keiner ist deutschfidel, keiner ist hoffnungsfroh, Deutschsein heute: Wer zu uns will, kann zu uns, und muss aber all die schönen Dinge achten, die auch wir achten! Der Student drängt auf ein Bekenntnis, ich bin es leid, ich bezahle und fliehe ins Freie.

Die einen lärmen mir zu viel, die anderen sind mir zu blass. Die einen brauchen bunte Fetzen an Stangen über ihren Köpfen, die anderen weisen sich aus über den Heldenmut ihrer Ahnen. Die einen wollen als Volk aussterben, die anderen verglimmen in ihren Bürgerstuben. Wer ist heute deutschfidel? Wer mag sagen: Deutschsein ist selbstverständlich schön?

Da traf ich den nächsten Verrenkten, Klappergeraffel an den Handgelenken, Nieten im Gesicht, er blökte im Biersuff Syrer an, er brüllte: Deutsche Härte! Er schritt wie ein angeschossener Soldat auf und ab, er verstellte mir den Weg und fragte: Deutsch? Ich rief: Deutsch! Er reichte mir die Dose her, ich aber wollte mir kein Herpesbläschen antrinken und lehnte ab. Machte ein Deutscher so etwas? Lehnte er einen guten Schluck ab? Manchmal ja.

3

Ich sah Frauen, die hinauf schauten: Krähen hackten das Moos in den Dachtraufen in Stücke. Heißer Herbst, es regnete Moos vom Himmel, die Frauen hauchten Atemwolken aus und blickten blind auf die Moosstücke vor ihren Füßen. Dies war der deutsche Traum, den sie träumten, der deutsche Augenblick, den sie lebten, ich lief vorbei und da rief ein Mann, der mich wiedererkannte: Ich zeuge deutsche Kinder für den kommenden Volksaufstand, die Frau an seiner Seite lief rot an und zerrte ihn in den Hauseingang.

Heißer Herbst, kleine Triumphe, aufgespannte Regenschirme, die Bürger im Lottoladen riefen den Volkstrauertag aus: Sie kommen, wir zerfallen. Die Kassiererinnen im Supermarkt waren ernüchtert: Arabien siegt. Am langen Tresen saßen auf Barhockern wie Veteranen die Trinker und schrien: Bald werden die Schnapser öffentlich geköpft.

Überall ging die Rede vom bezwungenen Imperium, von der ewigen Nacht nach der Kapitulation, vom fremden Volk, das erwacht mitten unter uns, statt dass wir erwachten in unserem Land. Beschneidung wird Pflicht, sagte der Besiegte im Vorlesungssaal, sagte die Besiegte in der Arbeitsagentur – war ich besiegt? Waren die Scharen über mich gekommen und hatten mich niedergeschlagen?

Das Gerücht der Stunde: Wir sind erloschen. Das Geflüster des Volkes: Vorbei ist vorbei, mein Herzblatt. Das letzte Glas, die letzte Liebe, der letzte Seufzer, das letzte Gebet, der letzte Aufruf, die letzten wenigen Schritte vor dem Fall. Welcher Himmel bläute morgen, wessen Knechte würden wir werden, weil wir beizeiten nicht wachsam gewesen waren? Volkes Schmerzstunde, Volkes böses Erwachen.

Heißer Herbst, eroberte Gebiete, erstürmtes Land. Ich lass mir eine Glatze schneiden, sagte die Erstsemesterin, dann leuchtet mir der Kopf wie der Vollmond, das ist doch denen ihr Zeichen. Oder ich trag die lange Perücke, die mir den Hals bedeckt, dann bin ich verhüllt und werd' nicht gesteinigt...

Pissbecken werden verboten, rief ein Mann in der Kasseler Innenstadt, die schaufeln Löcher innen Boden und wir kacken nur noch in der Hocke ... Wer hat Angst vor dem Plumpsklo? Der Kasseler Mann. Nicht alle Kasseler Männer.

Deutschlandende. Weltende. Klein-Damaskus in Berlin, Klein-Bagdad in München. Eine Frau, keine Besiegte, nannte mich beharrlich Knabe und Knäbchen aus dem Morgenland, sie rief: Vergangen ist dein Reich. Vergangen ist mir die Lust, Männer deines Schlages zu achten ... Deutsch ist gut, rief ich, was wollen Sie mich bekämpfen? ... Sie zog von ihrem Tisch zu meinem Tisch, ihr Mann zog nach, und da sie unbeherrscht waren, bat ich sie um Mäßigung, um einen maßvollen Ton.

Heißer Herbst, Nebel in den Gassen, beschlagene Scheiben im Wirtshaus, Aufbruch West, schrie die Dame, wir fangen hier an und zerschmettern die Horden! Sie hielt sich am Arm ihres Mannes fest, als wäre er eine Stange, an der das neue deutsche Banner wehte. Zerschmetterung: Vokabel der Erbosten. Tod den Teufeln: Parole der Exorzisten. Ich aber aß Kalbsbäckchen und dachte im Wortschrotthagel der Dame nach: Gehören sie und ihr Mann zum Volk? Hassen sie mich, weil sie mich für den Führer der Fellachen halten? Habe ich ihnen nicht vorgeschlagen, mal das Jammern einzustellen, und haben sie mich deswegen nicht noch ärger beschimpft? ...

Es gibt die Hysteriker und die Hybriden, es gibt die Trüben, die Trottel und die Tröten; es gibt die Kämpferischen und die im Kampf Ungeübten. Heißer Herbst, die Übergangsjacken wurden eingemottet, die Besiegten zeigen sich als Sieger in den Mänteln der neuen Kollektion, das ist die Vorbereitung auf das Wintermärchen. Was nicht zusammen gehört, wird auseinander geklopft: Schwüre des Zusammenhalts unter den Linden, unter den Eichen, Dresden den Dresdnern, Kasseler raus. Die Sieger beschriften Pappschilder: Hitler = Europa! Donnernde Deutsche Republik! Wir geben nix, ihr habt alles! Jede Lügenfresse träumt vom großen Auftritt.

Ich aber verdaute das Kalbsbäckchen. Darmgrollen.

4

Ich traf Süchtige, denen man keine Schlechtigkeit nachsagen konnte. Männer auf einer Droge, die den Kopf verwurmte, Frauen auf Heroin, das sie verschlankte zu atmenden seligen Leichen. Sie spielten das Kinderspiel der Umzingelung, sie bildeten einen Kreis, in dessen Mitte ich stand, und je ruhiger ich wurde, desto zorniger wurden sie. Ich streute Münzen, es lenkte sie nicht ab, ich sprach zu ihnen wie zu Mordbuben und Banditen, da trat der Hausmeister auf den Hof und verjagte sie mit schwenkendem Zinkkübel. Dann fegte er ohne Hast Stücke und Splitter der Dachpfannen, die starke Winde heruntergerissen hatten. Er schimpfte über den Pfründenschacher in der Politik, er sprach über die Sautiere, die ihr Blut beim Spritzen auf die Mülleimerdeckel vergossen, teures giftverseuchtes Blut, und weil es ihm gefiel, einen Ortsfremden einzuschüchtern, schwenkte er den Kübel in meine Richtung. Ich aber wich aus, zog den Rollkoffer hinter mir her, lief durch die Allee der prächtigen Bürgerhäuser und freute mich über mein zweifaches Entkommen.

Ich übte mich im Marschschritt, stolperte, der Schmerz fuhr mir in Knie und Steiß, und da ich kurz auf dem Koffer ausruhte, wurde ich mit Mörtelbrocken beworfen: Süchtige Frauen, verhässlicht durch Heroin, ich gab meinen Wegzoll und hetzte weiter in Richtung der Pension, in der man mich untergebracht hatte.

Auf halbem Wege sah ich Haufen von Syrern kurz vor dem Einstieg in den Bus, sie schrien nicht durcheinander, sie hielten sich an die Weisungen des englisch radebrechenden Polizisten, sie sahen aus wie Mönche im Gottesfieber. Ich starrte, sie starrten zurück, sie waren umgeben von Gaffern, von Deutschen vieler Herkünfte, die die neuen Fremden beglotzten. Ich wandte mich ab, weil es sich nicht gehörte.

Später schlief ein Rentner bei meiner Lesung ein, später sah ich ein Eichhörnchen im Park, später stieß ich auf dem Nachtspaziergang auf muntere Bürger, die mich in ein Weinhaus einluden. Herr L. und Frau P. und Frau A. waren hochgescheite echte Deutsche, sie liebten ihre Stadt und ihre Viertel, sie hassten die Spießer als Vasallen der Norm. Ich aber nieste acht Mal hintereinander und bekam Nasenbluten. Herr L. griff in die Tasche, zog mich in die Herrentoilette und erklärte: In diesem Plastikdöschen ist kein verbotenes Pulver, es ist gefüllt mit Fix-Soßenbinder, schniefen sie das und Ihr Blut stockt im Nu ... Ich lehnte ab, er schraubte den Deckel zu, und als wir wieder am Tisch saßen, dachte ich: Deutschsein heute, herrliche Deutsche, die in der Not zu Hilfe eilen, ein großes Vergnügen. Frau P. sprach von der Jungen Freiheit, dem Blatt der Patrioten, und von meinem Versäumnis: Ich sollte fürderhin eine Kolumne in dieser Zeitung schreiben, Angehörige der Hilfsvölker wären sehr willkommen.

Ich griff mir in den Mund, holte das zerbissene Stück Huhn heraus, legte es auf den Tellerrand, stand auf, ging grußlos davon. Man hatte mich nicht das erste Mal verarscht, ich war trotzdem stinkig, also eilte ich zu den syrischen Kollegen, stellte mich neben die Schlange. Ich wusste vom Hörensagen, dass sie lange Märsche überlebt hatten, mehr wusste ich nicht. Ich wurde von Polizisten für einen Schleuser gehalten und verscheucht, ich ging auf Abstand und glotzte, vom Glotzen tränten mir die Augen.

Ein Pinscher verbiss sich in meinem Schnürsenkel, er wollte balgen, Frauchen zerrte ihn an die Laterne, dort hob er das Bein, Frauchen hielt mich für einen Kommissar in Zivil und erfragte meine fachkundige Meinung in dieser Sache. Ich sagte: Es wird uns nicht Unglück zuwachsen. Auf der Lauer, auf der Mauer, schrie sie und verschwand.

Das gemeine Volk, woraus bestand es und was war es? Waren die Knallpatrioten der Tischgesellschaft meinungsführend? Bellte das Frauchen mit ihrem Pinscher um die Wette, wenn es um Molukken und Mamelucken ging?

Der Koch vom Weinhaus hatte Feierabend, er rauchte eine letzte Zigarette, er sprach die letzten Worte des Tages: Die Verrückten warten auf den großen Knall – ohne mich.

# 5

Rhein im Nebel, Zug fährt auf der Ufertrasse, die Burgen auf den Hügelkuppen sind verschluckt, der Himmelsstrich ist verschliert. Lasse heißen Kaffee abkühlen. Lesen unmöglich, klappe das Buch zu. Brüllendes Kind im Gang schmiert Schokoschnörkel auf die Glastür. Der Schaffner ist kein Unmensch, er lässt es weiter fingermalen. Nach der Durchfahrt des ersten Tunnels schaut mich die dicke Dame im Abteil böse an. Habe ich im Dunkeln ihre Tochter lüstern begafft, bin ich wollüstig geworden? Nein. Das Mädchen zählt die Münzen in ihrer Börse, geht im Bordbistro Limo kaufen. Zweiter Tunnel, Mutter glotzt, ich sage: Klebt mir 'ne Erbse an der Backe? Nein. Nebel verflogen, die Ritterburgen entlocken der Dame Entzückungslaute. Ausstieg der otternhaft keckernden Dame und Tochter in Köln.

Einstieg syrischer Flüchtlinge: Mann, Frau, fünf Kinder besetzen die freien Plätze im Abteil. Mutter sieht aus wie Maria auf Ikonenbildern. Vater zieht am Rosenkranz. Kinder sind still, leise Unterhaltung auf Arabisch. Sind sie Besatzungsjanitscharen? Fühle ich mich überwältigt, bin ich eine Humanistenpfeife, weil sie mir sehr sympathisch sind? Sie schauen heimlich und höflich nach allen Seiten, sie wollen im Neuen Land das Unvertraute verstehen. Sie schauen mich an und sehen: Kerl in Schwarz, in Nahkampfstiefen, beringt wie ein Kirmesknallwilli.

Schaffner gibt durch: Es fehlen die Wagen acht, neun, elf, zweite Klasse und Wagen vierzehn, erste Klasse. Es bleibt ruhig im Abteil. Einstieg einer Frau aus Solingen, sie hat reserviert, ein Kind quetscht sich neben die Schwester auf dem Nachbarsitz. Schaffnerin bittet die Solingerin nett, in die zweite Klasse umzuziehen, sie stapft schnaubend hinterher, sie hat sich vertan.

Später allein im Abteil, langweilig, ich zupfe zwei Nasenhaare, löse und binde die Schnürsenkel, lese im Wälzer über den Trinitätsstreit frühchristlicher Theologen, öde Theologie.

Hamburg, kurzer Aufenthalt. Eine Studentin hält ein Schild hoch: Welcome home! Sie meint Urlaubsheimkehrer, ihr Freund wird dramatisch, rennt ihr entgegen, beißt sich ploppend fest, ihre Lippen verschwinden in seinem Mund. Ein entsetzter Syrer will einschreiten, er vermutet eine kriminelle Tätigkeit, da aber sieht er die Studentin den Jungen umschlingen, er wankt weiter. Was wird er den Verwandten im Kriegsgebiet schreiben? Liebe Leute, bestellt Osman von mir, dass ich ihm bei nächster Gelegenheit mindestens einen Schneidezahn ausschlage. Er soll nur noch dünne Grütze essen können. Fragt er nach dem Grund, so teilt ihm bitte Folgendes mit: Er, Osman, hat mir erzählt, dass die deutschen kalten Blutes sind. Er, Osman, hat mir empfohlen, mit der Umstellung und Anpassung schon vor der deutschen Grenze zu beginnen. Nun wurde ich Zeuge eines blutsaugerischen Kusses, was sage ich, einer freiwilligen Selbstzerfleischung in aller Öffentlichkeit. Die Deutschen lieben wie die Barbaren, verglichen mit ihnen sind wir Knäbchen und Mädchen. Zurück zu Osman: Es nützt nichts, dass er aus Buße die Hinterbacken eines Maultiers küsst. Es macht auf mich keinen Eindruck, wenn er den mit Gewürznelken gespickten gebratenen Schädel eines Schakals aufisst. Ihm habe ich es zu verdanken, dass ich fehlgeleitet bin. Ich übe mit Hatidsche, meinem Eheweib, den Lippenfresserkuss. Wir küssen uns und wischen das Blut von den Lippen. Noch trauen wir uns nicht an die Öffentlichkeit…

Zug fährt durch den dichten Nebel. Durchsage: Außerplanmäßiger Halt in Pinneberg auf unbestimmte Dauer, die Außentüren lassen sich öffnen, sie können aussteigen… Ich steige aus, zünde eine Zigarette an, nehme einen Zug, werde wieder hinein gescheucht. Strecke frei, Weiterfahrt, Nachdenken über Deutschsein heute misslingt. Syrerfamilie steht im Gang an den Fenstern und staunt den deutschen Nebel an. Schönes Bild.

# Tau und Tag
Ich gehe durch das Deutschland meiner Tage

Der Selbstmörder hat einen Brief hinterlassen, darin heißt es in der ersten Zeile: Ich wähle den Strick, weil ich ein Mann bin, er wird nicht reißen, auch wenn ich dick bin ...

Ich erfahre es von einem Pfleger, der den toten Geisteskranken bis vor zwei Tagen zu seinen Morphiumjüngern zählte. Er spricht ihn von Schuld und Sühne frei, am Tisch im Wirtshaus am schlammigen Fluss. Wir reden über das Jenseits, den hohen Ort abhanden gekommener Seelen. Er ist alles Fett losgeworden, sagt er, noch liegt er im Grab, noch kühlt er aus; wenn aber die Engel Zeichen geben, wird er sich erheben, und er wird schlank eingehen in das Himmelreich, dort hat man eine Gestalt und keine Gebrechen ...

Der Wirt schimpft ihn einen Schandbuben, er soll die Männer nicht verstimmen, sonst bekommt der Pfleger Lokalverbot für ein Vierteljahr. Der rückt die Räubermütze in die Stirn, und kurz bevor er sich zur Nachtschicht in der Klinik aufmacht, übergibt er mir einen dünnen Ordner im Auftrag der Mutter des Erhängten. Hundertachtzehn Gedichte, handgeschrieben, zeilengerade. Gedichte mit und ohne Titel. Fromme Zaubersprüche, Gottesanrufung, Kampfandrohung eines Inquisitors.

Er schreibt: Leite mich, Morgenstern, zur leeren Krippe! Er schreibt: Eine Hundezunge, warm in meiner Hand, mein Talisman, ich streiche über die Mittelfurche und banne die polysexuellen Ketzer! ... Ein kranker junger Mann droht des Teufels Kindern Vergeltung und Verheerung an. Der ausgefällte Irrsinn eines gärenden Geistes. Auf der hundertachtzehnten Seite wendet sich die Mutter an mich, vier Zeilen, die Schrift einer nüchtern verfassten Person: Herr Z., dies ist der Nachlass meines Sohnes, der sich entschied, seinen Qualen ein Ende zu setzen. Darf ich Sie bitten, die Poeme durchzulesen? Sie erreichen mich unter folgender Nummer...

Ich bezahle die Rechnung, trete ins Freie, ziehe die Kapuze über den Kopf, der Eisregen durchnässt den dicken Mantel. Im Park, an der umzäunten Hundewiese, scharrt ein Mischling kleine Knochen auf, die alte Dame schaut ihm dabei neugierig zu. Dies ist ein sicheres Bürgerviertel, man muss nicht um Leben und Börse bangen. Als ich im Vorübergehen in das Laternenlicht trete, bellt mich der Mischling an. Keine Angst, denke ich, und spreche es nicht aus. Meine Stiefel schmatzen bei jedem Schritt, ich beeile mich fortzukommen, ich sehe aus wie ein Gauner auf Streife. Die eingerollte Mappe in meiner Tasche könnte man für einen Knüppel halten.

Auf dem halbstündigen Rückweg zum Hotel trauere ich um den Selbstmörder, mit dem mich keine Freundschaft verband: Er hatte sich nach einer Lesung am Signiertisch vorgestellt als ein Amateurartist. Schönes Wort. Seine Freundin hatte ihn nach einer mehrmonatigen Probezeit verlassen, nein falsch, entlassen. Komisches Wort. Er streifte herum, mal verschlug es ihn in die Stadtbücherei, mal in eine Lesung, er hielt Schreiber für einen gottverdammten Haufen. An dieser Stelle schritt die

Buchhändlerin ein, ich war ihr dankbar. Der Junge wich zurück, lehnte an einer Säule, drehte Locken in seinen dichten Bart, der ihm bis zum Brustbein reichte. Ein Waldmormone in teuren Markenkleidern, er ging nach der Mode und betonte die Silhouette. War er ein Reicheleutekind, und glaubte er, in mir, einem Mann niederen Standes, einen Schädling entdeckt zu haben?

Ein paar Wochen später sprach er mich nach einer Lesung in derselben Stadt wieder an. Er sagte: Ich brauche nur eine Stunde, kommen Sie schon, schicken Sie mich nicht wieder weg! ... Er war dicker geworden, ich erkannte ihn trotzdem, es war mir lästig, mit ihm zu sprechen. Kein Schreiber ist vor Nachstellungen gefeit, es tummeln sich viele kranke Stalker im Kulturbetrieb.

Ich verabredete mich für den nächsten Morgen nach dem Frühstück. Schon nach den ersten Minuten bereute ich es, er klagte über die radikalen Miststücke, über die gottlose Jugend, das gottlose deutsche Volk. Ein fiebernder Irrer, der von der Musikalität der Erzengel schwätzte, sie würden in allen Sphären singen, und wenn man nicht achtgab, risse die Seele vom Leib und stürzte in den Höllenpfuhl. Ich floh vor dem Eiferer der letzten Tage, und doch musste ich im Zug auf der Fahrt in meine Heimatstadt Kiel über seine Worte nachdenken, sie hallten nach. War der Leib das Fleischkostüm des Geistes? Wollte der vollbärtige Jüngling die wüste unordentliche Welt kennzeichnen? Musste man ihn nicht ob seiner Aufräumarbeiten loben?

Die trauernde Mutter ist mit dem Auto angereist, und sie sieht es als ein gutes Zeichen an, dass sie vor meiner

Haustür einen Parkplatz gefunden hat. Sie starrt auf Bücher, Bilder, auf bunten Tand, als wären sie Partikel einer Reliquiensammlung. Sie starrt auf das volle Trinkglas, bis ich ihr verrate, dass es noch am Morgen ein Senfglas war. Fühlt sie sich in der Junggesellenwohnung verkeimt? Zerrütten sie der Baulärm und die Flüche der Männer, die das Pflaster aufreißen?

Was halten Sie von den Gedichten meines Sohnes?, sagt sie. Gott hab' ihn selig, sage ich. Sie merkt auf und fragt, ob er bei Gott ein Zuhause habe. Schlägt sie mich dem diensttauglichen Gesindel zu? Ihr Sohn, setze ich an, schreibt von den Unreinheiten der Welt, von Heilsempfang, vom Kampf der Splittergruppen, er träumt... er träumte davon, Ketzernester auszubrennen. War er in einer Sekte?

Sie massiert die Adergabel auf dem Handrücken, eine schweigende elegante Dame in der unmöglichen Wohnung eines unmöglichen Mannes, es hat sie eine große Überwindung gekostet, den Pfleger als Mittelsmann einzusetzen. Großes Missvergnügen, große Trauer, keine Mutter möchte den Sohn überleben und im Auftrag des toten Kindes einem Poeten gegenübersitzen, der den Wortwahn zu seinem Beruf und Geschäft gemacht hat. Verrat ist für mich nicht möglich, sagt sie leise, Verräter hängen sich auf an Strümpfen, an Lianen, an aneinander geknoteten Handtüchern. Kommen Verräter in die Hölle? Werde ich brennen, weil ich das denke? Ich und mein Mann haben ihn christlich erzogen – glauben sie an Christus? Ich glaube eher an Jesus, sage ich. Ehe ich mich versah, bin ich da in diese Geschichte hineingezogen worden. Die Dame bittet mich um einen Urteilsspruch, ich winke ab, sie möchte nicht umsonst angereist sein, sie beharrt darauf, keine Ausflüchte, keine Unentschiedenheit, klare Worte, los jetzt, bitte!

Es sind üble Phantasien über Tötung und Tilgung, sage ich, das kann mir nicht gefallen. Ich las die Gedichte und in der Nacht träumte ich schlecht, ich habe mir sogar die Stirn zerkratzt im ungesunden Schlaf. Seien sie mir nicht böse.

Die Dame verlangt die Mappe zurück, stößt wie aus Versehen das Glas um, wünscht mir einen guten Tag, schlägt die Tür hinter sich zu. Das Wasser tropft auf den Holzboden und bildet eine Pfütze. Gut, denke ich, ich werde putzen und feudeln und hoffentlich all das vergessen. Später finde ich einen gefalteten Zettel in meinem Briefkasten, darauf sind mit Lippenstift fünf Worte geschrieben: Sie sind ein hartherziges Schwein! Das Ausrufezeichen halte ich für bemerkenswert, die Dame besteht auf dem Ausdruck ihrer Empörung.

Oft verstieß ich gegen meinen Vorsatz, mich nicht in anderer Menschen Belange einzumischen. Habe ich mich denn nicht mit aller Kraft gegen meine Verwicklung gestemmt? Was sind das für Geschichten, die Geschichten stiften? Ist diese Geschichte wahr? Ja. Keine nacherzählte Geschichte ist wahr. Jede Nachdichtung kommt einer erfundenen Geschichte nahe, sie ist mit dem Phantasieauswurf, der faktische Anteile enthält, wesensverwandt. Ist das wesentlich? Was versprach sich der Pfleger von der Übergabe des Ordners? Er sprach vom Himmelreich, die Dame von Verrat und Hölle, der Sohn möchte Ketzer würgen: Sind sie nicht tatsächlich Sektenapostel, die auf den Unfrieden setzen, dass nach der letzten Schlacht endlich der Heiland auf dem Ölberg in Jerusalem erscheint? Ich löse mich, ich stürme zur nächsten Viertelwahrheit, ich mache mir meine Welt neu, allein auf dem Papier.

Im deutschen Hinterland der Hinterhöfe, in den Abseiten, in wüsten Distrikten, an vergessenen Orten, glühen Volkes raue Kerle, brennen blondierte große Mädchen, früher ließen sie sich ein Bekenntnis aufs Textil drucken, heute löst Tetrapackwein vom Discounter ihre Zunge. Der Hass ward Fleisch und schwoll zur Faustgröße an. Licht, Luft und Leere: Ihre Umgebung. Luft oder Möglichkeit: Ihr Schlachtruf. Die Vernunft der Dinge, die Vernunft der Geräte, die Vernunft der Kenner und Artisten, der Sozialingenieure und der vergreisten Utopisten: Sie jagen sie zum Teufel. Es sind viele erweckt und zum Mord berufen, sie sind Helden eines Tränenheftchens. Verhinderte und Verminderte, sie grölen Schlager auf dem Bahnhofsvorplatz, den stolzen Bürgern zum Hohn. Umdüsterung allerorten, ich strebe hinein und hinaus, ich pralle ab an den Psalmisten der harten Bannworte.

Radikal rostet langsam, sagt der Apotheker in Eisenach, er hat mich erkannt als Rassenfeind, es bringt ihn aus der Fassung, dann will er sich mit mir zum Kaffee treffen. Halten Sie mich für blöd?, sage ich. Ich komme allein, sagt er. Eine Stunde später sitzen wir an einem

Tisch in einer arisch befreiten Kneipe, der Zutritt ist für Juden und Moslems verboten, an Abenden, da die geschorenen Kameraden echtes Bier aus echten Flaschen saufen. Hier erwacht der Volksfreund nach der fünften Pulle. Hier sind der Spüler und der Ausfeger, der Wirt und die Kellnerin früh berufene Nazis.

Macht es Ihnen Angst?, sagt der Apotheker und wartet aber meine Antwort nicht ab. Er nennt mein erstes Buch eine Kanakenfibel, er hat es gelesen, alles falsch und verdreht, was kümmerten ihn das blutsfremde Gelichter, was kümmerten ihn Kamelhirten im Herzen deutscher Städte, ich solle lieber über seinen Vorschlag nachdenken: Er sichere mir Unversehrtheit an Leib und Leben zu für die Zeit, da ich mit Männern mit einem nationalen Standpunkt spreche. Ich dürfe mitschreiben, ich dürfe Fragen stellen, anschließend könne ich an dem Buch über die Neue Deutsche Härte arbeiten. Sie werden der Erste sein, sagt er, ein Glückskönig, ein echter Dissident, ihr Schriftsteller träumt doch davon. Ich siebe die Idioten aus. Sie hassen uns, wir hassen sie, das ist doch eine gesunde Grundlage.

Ich lehne ab, er verlegt sich auf Gesinnungskitsch: Die Herrscher feiern ihre Siege, und wenn wir uns weigern mitzufeiern, schlagen sie uns den Banditen zu. Ich denke: Junge, du willst nicht mehr den Geschirrschrank öffnen. Du willst nicht mehr die Wasserauffangplatte des Abtropfsiebs entkalken. Es reicht dir dein bloßes Leben nicht. Du starrst in deinen Einkaufswagen, du zählst die Waren auf: Raumspar-Hosenbügel, Angebot der Woche.

Steckdosenleiste, schwarz, nicht schmutzanzeigend. Fußmassagenroller, Badepantoletten, Duschgel in Probiergrößen. Ungeschwefelte Aprikosen, Dinkelflocken. Wasserfilterkartuschen. Eine Großpackung Bodenreinigungstücher, Nischenbürste. Raumerfrischer, Note Anti-Tabak-Orange. Der auserwählte Nazi-Junge ist dem Mist enthoben, Wirklichkeit ätzt, Alltagstauglichkeit kostet Kraft, und also stemmt er sich hoch in die Lüfte, und bleibt doch auch als Bluthund ein Kasper der Luftigkeit.

Gewalt statt Gebäck. Fabeln statt Fakten. Wahn statt Fertigkeit. Es gibt im heutigen Deutschland in den meisten Kreisen und Gegenden eine schöne Übereinkunft: Das Lob des Faschisten zählt nicht. Der Apotheker versucht es ein zweites Mal: Sie und ich, wir können uns nicht auf eine Linie einigen, das weiß ich. Aber waren Sie nicht auch mal rechts? War ich, sage ich, für zweieinhalb Monate in Bad Godesberg, einem feinen Kaff… Ein Übermensch in einer Rüstung aus Katzengold, aus blinkendem Blech, das war ich – damals mit sechzehn Jahren. Ich trotzte der Sozialkundelehrerin, die die durchgängige Kleinschreibung in den Bekennerbriefen der RAF als literarische Sensation feierte. Ein Bürgerlieschen im Staubmantel der Revolution. Diese Welt aber ist versunken.

Der Eisenacher Goldjunge knallt eine Visitenkarte auf den Tisch, Handreichung des wichtigen Mannes. Wir erheben uns von den Stühlen, wir geben einander nicht die Hand, wir gehen grußlos auseinander. Er muss nach einem anderen Schreiber suchen, der Rüpelsagen verfasst. Der Text zum Textil verwebt.

Später fällt mir ein: Der glatzköpfige Wirt ging von Tisch zu Tisch und sagte: Spanferkel aus. Die brennende Zigarette klebte an seiner Unterlippe und bewegte sich beim Sprechen wie ein Leichenfinger. Spanferkel aus. Mastfutter für Helden aus. Fremdenliebe aus. Jetzt spielen wir Umsturz.

Zu Hause in Kiel brüte ich über den Gedichten einer empfindsamen jungen Frau, die sich in gähnende Zaunkönige verliebt. Die Schlauen haben einen heißen Atem, denke ich, schöner gereimter Unfug, ich freue mich. Dann schreibe ich kurze Texte, Gebrauchsprosa, kleine Geschichten über das große Geschiebe unten, wer umgestoßen wird, bleibt oft liegen. Raus auf die Straße, Gewaltmarsch zum Wasser, schläfenbeißende Kälte, die Jungsäufer am Rondell brüllen lallend Hymnen. Sturmnacht, Finsternis in der Ferne, Wind pfeift und fegt durch die Schneisen, das Pferdedenkmal am Landtag sieht aus wie ein Gespuk aus faulendem Tang und Rabenfedern. Kaugummiplacken auf dem Pflaster, sie leuchten.

Ich stehe am Wasser, eine zerlaufende Gestalt. Was verspreche ich mir davon? Dass ich über den Rand meiner Stadt in die Tiefe schau'? Dass ich verstehen lerne, weshalb manch ein Mann nach alter Sitte lebt und stirbt? Das Mobiltelefon klingelt, ich drücke auf die Annahmetaste, meine Mutter fragt, ob Kiel zerbombt wird. Das Meer brüllt wie ein böses Tier, rufe ich, wir vertagen das Gespräch auf den nächsten Morgen.

Wegen Sturm und Hagel sage ich die zweite und dritte Recherchereise nach Eisenach ab. Tage ohne Bestimmung.

Quellenstudium. Ich lese über Martin Luther, den Augustinereremiten, den groben Sachsen, der in der Bibel keine Stelle über des Papstes Vorrang fand.

Du bist kaputt, sagt der Hausmeister, geh' zum Friseur, lass' dir die Räuberlocken wegmachen, tu mal Schmalz in die Tolle und kämm' dich... Ich gelobe Besserung, blättere im Neuen Testament, zum zehnten Mal: Jesus Menschensohn, Schrecken der Priester, deren Worte des Gesetzes vor Seinem Angesicht welken. Der Pfaffe imitiert, der Prophet streitet für die Kraft, die ihn überragt. Im Schein der Talgkerze las Luther aus der mehrfach gefälschten Schrift die Falschheit des römischen Christenführers heraus.

Du siehst aus, wie das, was ich begrab', sagt der Bestatter, verknall dich mal in ein Mädel, schenk' ihm ein buntes Kleid, und wenn das Mädel lacht, lachst du auch. Merk' dir das, du holst dir sonst einen heftigen Schaden... Liebe kann warten, Friseur kann warten, ich streiche durch vergessene Orte, frage Protestanten: Wer war Luther? Die einen zeichnen ein Heiligenbild, nennen ihn einen Propheten, den Künder der frohen Botschaft. Die anderen möchten nichts mit ihm zu tun haben, sie schimpfen ihn einen Fürstenknecht, den Verräter der Bauern, den fanatischen Frater.

Ich lese mich klug, ich lese mich leer, Lesen bringt mich nicht weiter. Mönch wird Professor wird Ketzer. Versteckt sich auf der Wartburg. Schreibt an andere Ketzer über Darmquellen und Verstopfung. Der Teufel erscheint ihm in vielerlei Gestalt, er wird versucht und angefochten. Wettert gegen Juden, Türken, Täufer und immer wieder gegen den Papst, den Antichristen. Ich frage Katholiken: Verriet Luther die Kirche oder festigte er das Fundament? Die einen halten ihn für den Dogmatiker einer lebenslangen Buße, er hat die Christenheit gespalten, er ist ein Jünger Satans, dem Mönch schwoll der Bauch und der malade Kopf. Die anderen nennen ihn den Gründer eines heimlich katholischen Ordens. Die Ketzer werden dem Heiligen Vater bald, an einem nicht allzu fernen Tage, Gefolgschaftstreue schwören.

Ich bin erstaunt, die Zivilisten unserer Tage, ob mit oder ohne Hut, sprechen in den Worten der Alten Welt, sie rühmen Gott als den Herrn der Heerscharen. Sie verfluchen den Führer der Rotten, die da einfallen werden mit Stock und Spieß, ziehende Wolken werden verwandelt in Schwefelnebel, es bricht aus der Tiefe herauf das Tier und verschlingt die Imperien. Die Kleinen der Welt werden erhoben, überall stoße ich auf dieses Gerücht, die Letzten bilden die erste Reihe, sie strömen zusammen zum heiligen Haufen, in der Brust eines jeden Soldaten schlägt ein Urzeitherz, ungezähmte Krieger, ungestüm im Himmelreich, nicht mehr gelähmt und erschrocken, ins Licht der Heiligkeit gestellt.

Ich staune sie an, die eifernden Schwestern Christi, es sind Frauen in weißen Rüschenblusen und langen Röcken, sie haben sich bewehrt für das letzte Gefecht, wer ihre Reinheit anzweifelt, ist des Teufels. Ich finde gnädige Aufnahme, weil sie einen Moslem umdrehen wollen. Eine Frau sagt: Wir sind Weibsvolk und tragen die Sünde in uns. Wir leben den göttlichen Fluch, er ist – genauso wie bei Ihnen – eingeschrieben in unser Fleisch. Ergeben Sie sich, denn Heiland heilt.

Bosheit in allen ihren Organen, Bosheit in ihrem Unterleib, Bosheit vererbt von der Urmutter Eva. An diesem vergessenen Ort, im verfemten Viertel, bin ich auf die Zeuginnen der Ursünde gestoßen, sie hießen mich in ihrem Bethaus willkommen, sie sprachen nicht über Martin Luther, sie sprachen über das ungetaufte Barackengesindel in den deutschen Städten, sie sind eingeweiht in den Heilsplan, sie überleben alle Kämpfe. Die grimmige Schwester predigt sich die Kehle wund, und als ich mich bedanke und zum Ausgang eile, ruft sie: Satan weicht!

Wird sie ruhig schlafen in dem Glauben, einen Dämon gebannt zu haben? Bin ich ein unsauberer Geist, der in Luther einfährt, im wahren Leben wie im wahren Schreiben? Mit welchem Mund, mit welchen Zähnen sprechen? Zweierlei und eines Sinnes sein, ist das möglich? Oder zerspellte ich in zwei Naturen, die mich verdoppeln? Kann eine gegabelte Seele für die Dauer eines Romans bestehen? Ist die Heimlichkeit, mit der ich ans Werk gehe, untunlich? Werde ich mich zwischen zwei Spiegel stellen und im unendlich gespiegelten Raum erstarren zur Fleischskulptur?

Ich gehe durch das Deutschland meiner Tage, und ich begegne Frauen und Männern, die Worte wie Kriegsgeräte gebrauchen, ich treffe sie nicht in den Kapellen, aber in den Kneipen, nicht im Vergnügungslokal, aber in schmucklosen Räumen. Sie sprechen von der kommenden Entzündung, von Volkes Erhebung, von Rache und Blutzoll, es sind Feinde der Verzauberung, es sind Zweckmenschen. Sie lesen Biografien, Sachbücher, Gebrauchsanweisungen, oder sogar die Heiligen Bücher. Der Glaube, unbezwingbar zu sein, hat sich bei ihnen eingewurzelt. Kultur ist für sie die Prothese der Krüppel.

Und also sagt der Kartenabreißer: Du schreibst Bücher? Wofür? Brot, Wurst und Bier, das braucht der Mensch. In der Schule hab ich genug gelesen, das reicht mir für den Rest des Lebens. Und also sagt die Tochter aus gutem Hause: Wer liest, schafft sich ein Gefängnis. Bildung ist nicht alles.

Im Deutschland meiner Tage setzen die glühenden Apostel auf Zweckbestimmung, sie scheiden das Zweckdienliche vom Zweckentfremdeten. In einem Gedicht des Selbstmörders heißt es: Ich schlucke Gott, jede Woche einmal, die Stücke schmelzen zusammen in meinem Bauch, die Tristesse wird verfliegen wie schlechter Duft, ich warte auf meine Stunde… In einem Langpoem schreibt er: Die Fremden sind das Volk, das die Herren des Verfahrens, die Ausfüller der Formulare, die Unterzeichner der Dokumente angeschafft haben… Der Messias ist kein Ausländer, kein Blut- und Artfremder, das ist die knallverrückte Botschaft.

Ich wende mich ab vom hundertfältigen Schmerz der Apostel, von ihren Träumen von Tumult und Triumph. Ich will nicht länger auf die Rassen- und Klassenbesten treffen, die über Gottbeseeltheit sprechen, als hätte die Himmelsmacht sie mit neuem Gebiss und neuem

Gaumen beschenkt. Ich wende mich ab von den Auserwählten mit den nässenden Achseln, von ihrem Gerede über die Gräuel der Intimität. Ich beginne zu verstehen: Die eitlen Dichter, sie hassen die Gesandten. Ist nicht jeder, der ein Buch stiftet, ein Menschenfürst? Die Poeten spucken aus, wenn sie hören, dass eine einfache Putzfrau den Namen eines Propheten im Gebet erwähnt, Gottheiten sind nichts, nur die randwärtig Ausgerichteten, die Wahrhaften, die Verrenkten werden von Gott verschlungen. Die Dichter, sie sind die Feinde der Propheten, sie verstehen nicht: Diese Welt lässt sich nicht neu schaffen. Sie verstehen nicht: Man kann die Worte in der Mitte knicken wie Papier, man kann sie schminken und schmücken für eine Vermählung mit anderen Worten. Und doch ist es nur Tamtam, ein Zirkus, ein unerhebliches Verfahren, eine Feinheit des Geistes.

Der Prophet spricht über das Fleisch. Ich beginne zu verstehen: Luther sah den Teufel am Werk, wenn sein Darm grollte. Wenn ihm ein schneidender Schmerz in den Steiß fuhr. Wenn er litt und lahmte. Wenn ihm schwarzer Seim aus dem Schlund quoll. Sein Vaterunser war eine Apotheke mit Tiegeln voller Hexenbannsud. Wie heute darüber reden? Wie ohne Falsch und Fälschungseifer darüber schreiben? Lieber würde ich eine Kichererbse auf dem Finger rollen lassen. Lieber lobte ich die schöne Albernheit einer schottischen Dichterin. Abwenden geht nicht, kneifen gilt nicht, es ist zu spät. Es ist zu spät.

Ich treffe den nächsten Glutjünger, einen Klassenkameraden, der sich damals in die Mütter seiner Schulfreunde verliebte. Das halbe Gesicht ist unter dem Bart verschwunden. Das machen Terroristen, nach denen gefahndet wird, denke ich, dieser Mann tut es aus anderen Gründen, er wird mich bestimmt gleich erhellen. Die Rinde der Eiche in seinem Garten hat er beschnitzt mit Zeichen und Namen, mit dem Gesicht eines Grabgnoms, mit dem Herzen Jesu. Ein Kanister dient ihm als Beistelltisch, Weinringe verteilen sich über die Abstellfläche. Er trinkt am späten Morgen, ich bin bestürzt und komme mir deshalb wie ein Spießer vor.

Nach seiner stockenden Eröffnungsrede weiß ich: Er ist ein Wiedererweckter, er hat mich eingeladen, um Heilands Kraft zu preisen. Die Pfade verengen sich, man rempelt die tüchtigen Läufer aus dem Weg, man will zu den Ersten gehören, die das Heil empfangen. Man nennt die anderen: Ketzer, Irrgläubige, Spalter und Scharlatane, Magier, Täuscher. In mir sieht er eine zappelnde Menschenpuppe, die an Satans Fäden hängt.

Hör' auf damit, sage ich, deine Erleuchtung in allen Ehren, aber ich bin nicht nur deshalb gekommen. Erzähle mir von dir. Und er erzählt: Nichts ist übrig von mir. Frau weg, Kind weg, ich arbeite Halbzeit, bald werd' ich rausgeschmissen. Ich habe mit der Frau eines Kollegen geschlafen, Liebe bei Gewitter, es flog auf, er prügelte mich grün und blau. Alles gesühnt und vergessen. Nichts ist geblieben, gut so.

Er greift zur Bibel auf dem Kanister, schlägt blind auf und liest aus dem Lukasevangelium. Gibt's denn sowas, denke ich, ich bin selber schuld. Bald klappt er die Bibel zu, verschwindet in der Küche, kehrt zurück. Er streut Puderzucker auf Weintrauben, löst sie einzeln von der Dolde, sie zerplatzen in seinem Mund, der Saft spritzt ihm auf die Hand. Ist das eine Kulthandlung? Haus und Garten, Hecke und Ziersträucher, er zehrt vom Erbe, bald ist das Geld aufgebraucht, dann übersiedelt er in den Osten an die polnische Grenze. Die Ostdeutschen, ein fremdes Volk, da können noch zehn weitere Mauern fallen, es wird sich nichts ändern, und doch hat ihm eine Cottbusserin das Evangelium aufgeschlagen, vielleicht wird er sich mit ihr zusammentun, dort drüben ist der Neue Hort der Erweckung.

Ja, sage ich und starre auf die Dolde auf dem Kanister. Der Osten wird wohl seinen Kummer ausbrennen. Dann wird alles, was ihm entwischt, zur Nebensache. Der Wind weht Plastikfetzen über das angrenzende Brachland, die ölschwarzen Pfützen kräuseln sich, es regnet sich ein. Kühler Abschied. Gottes Geleit, sage ich, er schüttelt den Kopf, weil er Tücke und Vergiftung vermutet.

Auf dem langen Weg zum Bahnhof denke ich über die Gläubigen mit Strahlkraft nach. Sie schämen sich ihrer Makel, seltsam. Sie schämen sich ihrer Nabel, noch seltsamer. Warum? Weil unterhalb das theologische Grauen, die Leibwerdung der Spekulation beginnt. Weil oberhalb das Herz sitzt, geharnischt im Glauben. Sie nennen es Keuschheit, ich nenne es Paralyse, Beschämung ob des Geschlechts, das sie verhüllen wollen. Sie fühlen sich wie Evangelisten nach der großen Zerstreuung, sie sind mönchisch und nonnenhaft unter jenen, die sie Pornographen schimpfen. Sie sprechen von Sünde – und meinen Defekte. Wollen sie die schwierigen Elemente entwirren? Ist das wirklich derart schwer auszuhalten, dass wir ins Kondenswasser schiefe Fratzen zeichnen, während wir zerfallen?

Selbsterhaltung unmöglich. Bloße Gegenwart unmöglich. Was wäre, wenn ich die Worte zerfallen ließe, in Entsprechung des bebenden schriftgläubigen Sachsen Luther? Wer war er? Jeder verstehe ihn, wie er will. Er hat selbst das Alte Testament verstanden, wie er wollte. Der Götze ist das Abbild, gekneteter Ton, bemalter Stein, getrockneter Wurzelstock, geschmirgelter Knochen. Zerschlüge ich den Götzen, wenn ich nicht abbildete? Wie wird mir das gelingen? Worte aus Knorpel, Bibelspruch und Dämonenspucke. Worte, die der Verwesung trotzen für eine kurze Weile. Worte wie schmelzendes Erz, wie geraunte Beschwörung, wie Laute vor dem Wahnsinn. Mit dem Wissen meiner Tage komme ich nicht weiter, es muss zerbrechen.

Meine Mutter ruft an, sie sagt: Wir gehen vor die Hunde, Sohn. Tagesschau zur Hauptsendezeit, ich höre im Hintergrund die Wehklage einer türkischen Frau. Meine Mutter erzählt: Der Apparat lügt, und wir sind voller Fehler. Man nennt die Gegenseite Banditenvolk, auf unserer Seite stehen die Vaterländer, daran sollen wir glauben. Sie schießen einander tot. Ein Soldat, ein Junge von neunzehn Jahren, er wird zu Grabe getragen. Seine Mutter schreit, du hörst sie, sie ist erloschen, ihr Herz ist ein Sengeisen. Ein Soldat geht dem Trauerzug voran, er hält das vergrößerte Passfoto seines Kameraden im schwarzen

Rahmen. Toter Mann im Holzkasten, wehende Fahnen, Gebrüll. Gott nehme sich der Seele des armen Jungen an.

Amen, sage ich leise. Ich höre Hochrufe und Parolen: Wir zerreißen die Bestien! Ewiges Vaterland! Wir schreiten im Licht der Märtyrer!... Da. Schon wieder. Der Blutzeuge hat sich leer gelebt. Er ist leer gesogen. Ich denke: Misstraue dem Substantiv. Der Tod – was soll das sein? Es gibt das Sterben, und es gibt die Jahre davor und danach. Es gibt das Totsein. Der von Partisanen erschossene Soldat war ein Bauernsohn. Die Partisanen sind Bauernsöhne. Diese Gleichmacherei ist ketzerisch, dort im sehr fernen Land meiner Mutter und meines Vaters. Aufopferung, welch ein mieses Hauptwort der Mächtigen. Sie bestimmen, wer in der Hölle schmort, und wessen Seele emporgetragen wird zum verhüllten Angesicht des Herrn. Und wer im Restlicht verwelkt als eine Bäuerin, die ihren Zweitgeborenen überlebt hat.

Meine Mutter beschreibt das Gesicht der Mutter des Soldaten als eine zersprungene Schelle. Junge Witwen, verwaiste Kinder im Arm, küssen einen Zipfel der Fahne. Der Vater bezeugt das Wunder: Mein Sohn hat ins Leichentuch geblutet, Gott ist ihm ins Genick gesprungen und hat seine Seele durch den Nacken gezogen, der Herr ist mächtig, Er spaltet einen Backenzahn und lässt Wasser sprudeln.

Die Nachbarn im Haus, erzählt meine Mutter, sie legen Wert auf Achtbarkeit, es ist ihnen aber nicht möglich, unbekümmert zu sein. Sie haben sich an die Märtyrerfeste gewöhnt. Es bleibt weiterhin dunkel und unerklärlich, denke ich, da erinnere ich mich an alte Damen mit Witwenbuckel in Neapel. Im Dämmer, da man gerade noch einen weißen Faden von einem schwarzen unterscheiden konnte, betraten sie die Kirche der aufgetürmten Schädel, sie kratzten Knochenspäne ab, mischten sie in die Süßspeise, aßen vom Totennougat. War das eine abscheuliche Kommunion, brachten die Lebenden ein Opfer dar, wehrten sie mit diesem Schutzzauber das Böse ab?

Die Alte Welt übersteht die Zeit, das Alte Gesetz flößt der ermüdeten Frau und dem ermüdeten Mann Kraft ein. Sie wähnen sich verwandelt, es geht ihnen nicht länger um Alltag oder Kennerschaft, nicht mehr um Kunst oder Könnerschaft, der Schwärmer begibt sich in die Abgeschiedenheit.

Und die Mutter des Soldaten? Und ihr Kummer, ihr Entsetzen? Was kann ich schon erklären, da ihr Schmerz stärker ist als jedes Fremdwort? Vom vielen Denken dröhnt mir der Kopf, als steckte mir ein spitzer Span in der Stirn. Kann man aus Stein mit der Faust Wasser pressen? Nur in der Fabel. Doch ohne Fabeln kommt man nicht aus.

In den nächsten Tagen kämpfe ich mich frei von der Umdüsterung. Ich schinde und schabe mich, um todmüde ins Bett zu fallen. Nach einer Lesung verflucht mich eine Deutschländerin, sie ruft: Gib, Herr, Krätze diesem Verräter und keine Nägel zum Kratzen! Was regt sie auf? Meine Absage an Sitte und Brauch der Bauern. Sie sagt: Hast du eine Vorstellung, was du mir antust?... Sie ist eine stadtbekannte Irrsinnige, auch diesmal rettet mich die Buchhändlerin, auch diesmal werde ich über den Hinterausgang hinausgeführt.

In meinem Traum in dieser Nacht drückt die Irre das bemalte Gesicht von außen gegen das Fenster, ich fahre hoch, trinke ein Glas Wasser, spähe vom Balkon auf die Hochhäuser und die Autobahn am Stadtrand. Licht über Licht in der Ferne, ein einziges Brennen und Gleißen. Ohne dass der Himmel birst, könnte es jetzt beginnen: Die Seelen schweben herab, ein Brausen hebt an, Gott spricht zwei Worte: Es ende – und alles erlischt.

Wortwahn, schöne deutsche Wörter, schöne deutsche Spielzeuge. Ich weiß: Hundert Körner werde ich durchs Nadelöhr drücken müssen, bis ich zur Geschichte meines Romans werde. Es werde. Es ende. Was ist dazwischen? Dazwischen ist der Tag, da ich auf die Leiter steige, um den Gilb abzuwischen, der sich am Plastikkronleuchter festgesetzt hat. Dazwischen ist der Nachmittag, an dem ich im Schneegestöber zum Wasser laufe, um die Nacken- und Rückensteife zu lockern. Dazwischen ist der Satz, den ich schreibe: Sie bewachte mich, die Hundeleiche, bis zum Morgengrauen.

Sind die Worte brauchbar? Ich denke nach und streiche den Satz. Dazwischen sind die Wochen, da ich dem christologischen Luther gleich tue und in der Bibel lese, nach einer Begegnung mit einem Mystiker, der sprach: Vernunft ist doch nur ein Reittier, bedenke dies! Ich widerspreche, es kommt zu einem argen Streit, der Konvertit wirft mir Glaubensblässe vor. Ich weiche, natürlich, was will ich mich behaupten. Ein Hoch auf den Menschenverstand, einerseits. Andererseits ist da Bruder Martin, der neue deutsche Worte, Volkes Worte, aus dem wunden Fleisch herausschwitzte. Was ist dazwischen? Das Zwielicht, die Entleibung, die Selbstzerfleischung?

Ich bekomme kein Wort umsonst. Ich kann nicht in diese Geschichte einbrechen wie ein erfahrener Dieb. Die Heilbefähigung des Sünders, so er den Gekreuzigten annimmt, ist dem Mönch gewiss. Es müssen aber alle Sünder lebenslang büßen. Schloss Luther von sich auf andere? Glaubte er, dass sich jede Frau und jeder Mann christlichen Sinnes wundreiben sollte an einem Gott, der Schwefel auf die Häuser niedergehen ließ? Muss ich auf dem Papier die Wahnverstrickung wagen, gegen den heutigen Bürger, und wider die Frömmler mit dem Balken im Auge?

Schönfärben unmöglich. Bleichen unmöglich. Deutschsein, denke ich, das ist die Lösung. Mit der Axt und mit dem Flegel komm' ich voran, mit der Wörter Gewalt komm' ich hinein. Tau schmilzt, Tag vergeht, ich komm' mir abhanden. Erste Seite, erster Satz, es gelingt, ich atme in einem anderen Leben. Ich lebe in der Schrift.

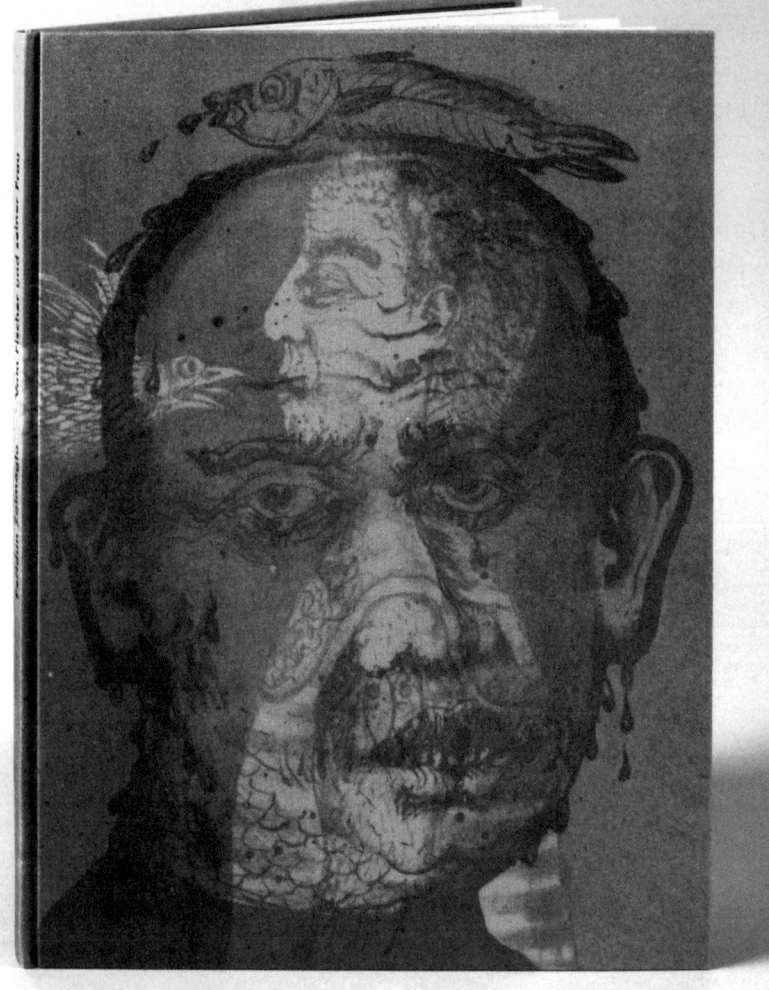

**VOM FISCHER UND SEINER FRAU**
eine alte Geschichte neu erzählt von Feridun Zaimoglu
in Stein gezeichnet von Hans-Ruprecht Leiß
im Auftrag der Edition Eichthal

Erste und einzige Ausgabe in 150 nummerierten Exemplaren
Druck auf 32 ganzseitigen Lithographien
Handeinband in Schuber von Christian Zwang, Hamburg

ISBN  978-3-9811115-2-1   Info: www.edition-eichthal.de

Feridun Zaimoglu  Weiter im Text  Ein Tagebuch mit Bildern

ulgomiaZ
gomiZula
omilaZug
milagoZu
Zug limo. A!
MiZ LUMA? (falsch. O? G?)
MOGLI A ZU
ZAIMOGLU
SEI MÖGLICH! (Blödsinn)

7654321
FERIDUN
NUDIREF
⋮
FAIRY DUMM DUMM
EID RUMPF! (Blödsinn)
Verden (an der Aller)
FERDINAND (klingt blöd)

Edition Eichthal

**WEITER IM TEXT – EIN TAGEBUCH MIT BILDERN**
Im Frühsommer 2011 schreibt und zeichnet sich Feridun Zaimoglu die Seele
aus dem Leib. Texte und Zeichnungen in Originalgröße reproduziert.
Buchgestaltung: Andreas Töpfer

Volker Weidermann in der FAZ:
„Feridun Zaimoglu […] schreibt endlich wieder wütend, ehrlich, böse – gegen die Welt.
Fast möchte man ihn umarmen. Toll!"

ISBN 978-3-9811115-5-2   Info: www.edition-eichthal.de

# Ich dachte: Ich bin kostümiert, es ist die falsche Garderobe.

Impressum:
Feridun Zaimoglu
Ich gehe durch das Deutschland meiner Tage
Erstausgabe 2018
Herausgeber: Jens Uwe Jess
© Edition Eichthal
Eichthal 1   24340 Eckernförde
www.edition-eichthal.de
Schriften: Sabon Next und Akzidenz Grotesk Next
Papier: Munken Print white 80g/m² 1.8 vol
Einband: Schneider Söhne Colorit 225g/m²
Gestaltung: Andreas Töpfer
Druck und Bindung: Druckerei Steinmeier, Deiningen
Printed in Germany
ISBN  978-3-9817066-4-2